Rosanne Parry

Als das Meer bebte

Mit Illustrationen von Lindsay Moore

Aus dem amerikanischen Englisch von
Uwe-Michael Gutzschhahn

Rosanne Parry

ALS DAS MEER BEBTE

COPPENRATH

*Für Monica, meine werdende Leitmutter,
und für all unsere künftigen Wegfinderinnen
und treuen Anhänger*

VORWORT

Während ich diese Geschichte schreibe, sind die Orcas vor der Westküste der USA und Kanadas, die diese Erzählung inspiriert haben, so bedroht wie nie zuvor. Ihre Zahl ist so niedrig wie fast noch nie seit Beginn der Aufzeichnungen. Umweltverschmutzung und Schiffslärm haben diese wunderbaren Tiere an den Rand des Aussterbens gebracht. Und was noch erschreckender ist: Genau die Aspekte des Klimawandels und der Umweltverschmutzung, die den Orcas schaden, sind auch für Menschen gefährlich.

Unsere Meere sind von allergrößter Bedeutung im Kampf gegen die globale Erderwärmung. Unsere Erde zu retten und den Klimawandel umzukehren, wird unsere entscheidende Lebensaufgabe sein.

Rosanne Parry

FAMILIE

Früh am Morgen, ehe der Wind des Tages erwacht, ehe das Schieben des Meeres sich in ein Ziehen verwandelt, gibt es nichts, das den Dunst stört, der über dem Wasser schwebt. Nichts außer mir.

Meine Familie schläft, alle nach oben gestiegen, um Atem zu holen am Ende einer ermüdenden Nacht, in der wir Lachse gesucht und nicht gefunden haben. Wir schwimmen Seite an Seite, ich schaukle in Rückenlage dicht unter der Oberfläche. Jeder Schlag meiner Flossen erzeugt einen Ring auf dem stillen Wasser. Die kleinen Wellen stupsen sanft gegen den Dunst. Er wirbelt auf und verzieht sich aus meinem Weg, als wenn ich etwas Riesiges wäre, eine steigende Flut oder ein Sturm.

Doch so groß bin ich nicht. Noch nicht. Fürs Erste bin ich bloß eine Tochter – nicht stark genug, um eine Jägerin wie Mutter zu sein, und auch nicht klug genug, um eine Wegfinderin wie Großmutter zu sein. Ich bin noch nicht so alt, Mutter zu sein wie meine Cousine Aquila, aber auch nicht mehr jung genug, um meine Familie zu verzücken, wie es die Kleinen mit ihrem Spiel und ihren süßen, zirpenden Stimmen tun. Meine Familie sagt, dass ich mal eine großartige Wegfinderin werde. Doch ich kann mir beim besten Willen nicht vorstellen, dass sie mir irgendwann alle folgen werden.

Wenn ich mit dem Morgendunst tanze, ist mir das egal. Ich wälze mich und lasse die Finne, meine Rückenflosse, durch die Haut des Meers brechen und den Nebel teilen. Ich schnaube eine Fontäne aus meinem Blasloch. *Tschaaaah!* Die Sonne klettert über den Rand der Berge und wirft einen goldenen Schein über unsere Heimatgewässer, die Salische See. Ich tauche unter ins Dunkle, hole Schwung und hebe den Kopf Richtung Himmel. Ich schlage die Flossen hart gegen den Druck des Wassers, lege sie eng an und schieße hinaus in die Luft. Ich stelle mir vor, mich zu verwandeln in einen Raben, der zwischen den Wolken emporsteigt. Dann neigt sich mein Körper und ich stoße mit einem seligen Klatscher ins Wasser zurück.

Als ich schließlich wieder an die Oberfläche komme, ist Großmutter da und schaut mir zu. »Schönheit ist Nahrung für den Kopf«, sagt sie.

Wegfinderinnen sind so. Sie sagen lauter unsinnige Dinge. Ich hatte so sehr versucht, nicht an Nahrung zu denken, hatte gehofft, dass das Verlangen dann weniger würde.

Aber nun hat Großmutter mich dran erinnert und der Hunger kehrt brüllend wie ein Wintersturm zurück.

»Friss jeden Tag ein bisschen Schönheit, meine Wega, mein leuchtender Stern«, sagt Großmutter. Sie kommt herüber und stupst mich an. »Die Schönheit wird dir Kraft geben.«

Das ergibt doch gar keinen Sinn!, denke ich, aber ich schweige. Niemand stellt eine Wegfinderin infrage. Wir folgen ihr. Immer.

Während der Rest der Familie aufwacht, jage ich die letzten Nebelschleier und beiße sicherheitshalber in sie hinein. Nur für den Fall. Doch sie sind nichts weiter als ein Nieselregen auf meiner Zunge.

Wir versammeln uns um Mutter und Großmutter, schütteln den Schlaf aus dem Körper und folgen ihnen.

»Unsere Chinooks werden zurückkommen«, sagt Großmutter. »Unsere Königslachse. Das haben sie immer getan, seit der Zeit des Eises sind sie immer zurückgekommen.«

Sie führt uns weiter, wählt einen Weg um die Inseln und Buchten herum. Mutter schwimmt Schulter an Schulter mit ihr. Sie ist die Klügste unter den Jägern. Wenn *sie* unseren Lachs nicht findet, dann findet ihn niemand. Und niemand braucht unseren Lachs mehr als sie: Ihr Bauch wird jeden Tag runder. Wenn ich einen Schwall von Klicklauten aus-

sende, kann ich im Innern *meine Schwester* sehen, die bald auf die Welt kommt. Es war ein hartes Jahr für uns, ein mageres Jahr. Aber Neugeborene bedeuten immer Glück und auf meine Schwester habe ich schon mein ganzes Leben gewartet.

Wir fallen in unsere gewohnten Fanggründe ein. Großmutter schwimmt voraus. Mutter stupst die Jungen, Deneb und Altair, in die Mitte, wo sie gut unter Kontrolle sind. Onkel Orion schwimmt auf der einen Seite von ihnen, Altairs Mutter Aquila auf der andern. Ich habe keinen bestimmten Platz und zuckle hinterher. So kann ich alle sehen, aber niemand achtet auf mich.

Wir sind ein toller Anblick, wenn wir unterwegs sind. Eine Finne hinter der andern schneidet durchs Wasser und erhebt sich wie eine Meereswelle, schnell, geschmeidig und stark. Haie verziehen sich ins Dunkel, wenn wir in Sicht kommen. Aale gleiten tiefer in ihre Höhlen. Möwen stieben auseinander. Seehunde schauen uns von ihren Ruheplätzen mit ihren großen Augen zu.

Den ganzen Tag schickt Mutter ihren Klickschwall in die seichten Stellen und unter die Felsbögen. Sie umkreist Vorsprünge, die im Wasser aufragen, und von Wäldern bewachsene Inseln auf der Suche nach unserem Lachs. Wir alle suchen. Das Meer ist voll von Fischen, aber sie sind nicht groß genug, nicht fleischig genug, nicht reichhaltig genug für uns. Sie sind keine Lachse.

Das Wasser wechselt die Richtung, hört auf zu ziehen,

fängt an zu schieben. Ein weiterer langer Tag der Jagd, ein weiterer Tag des Hungerns. Die Jungen sind inzwischen bereit, alles zu fressen, was sich bewegt. Ich kann ihnen das nicht verdenken.

»Fisch! Fisch! Fisch!«, singt Altair, als mein Bruder Deneb einen der stachligen Kameraden aus den Felsvorsprüngen herausspült, in denen sie sich verstecken. Was die angeht, habe ich meine Lektion schon gelernt! Im nächsten Moment spucken die beiden Kleinen die spitzen Stücke wieder aus.

Die Sonne sinkt, als wir eine weniger felsige Stelle mit weichem Grund finden. Ich erspähe zwei Augen im Schlamm – sie blinzeln. Ich stoppe meinen Blasenstrom und nehme das Maul voll Wasser. An den Augen kann man nie erkennen, wie groß ein Fisch ist. In meiner Fantasie ist er groß genug, um uns alle satt zu machen. Ich spritze das Wasser aus meinem Maul. Es hebt den Fisch aus dem Schlamm und mit einem Schnapp habe ich ihn! Ich drücke zu, bis der Mittelknochen knackt. Alle Fische haben einen Mittelknochen, und wenn man den bricht, hören sie auf zu kämpfen. Ich schüttle Sand und Schlamm von ihm ab.

Der Fisch ist klein. Kaum ein richtiger Happen. Ich stoße eine traurige Luftblase aus und steige nach oben, um Atem zu holen. Deneb erspäht meinen Fang sofort.

»Teilen! Teilen!«

Das sind die ersten Worte, die jedes Waljunge lernt. Wir sind die einzigen Meeresbewohner, die ihre Nahrung teilen.

»Meine schlaue Wega!«, sagt Mutter. »Sieht einfach alles. Es braucht ein gutes Auge, um einen Plattfisch zu entdecken.«

Jeder von uns weiß, dass Plattfische nach nichts schmecken, es ist fast wie Nebel fressen.

»Nur ein kleiner«, sage ich.

Ich biete ihr den ersten Bissen an. Sie teilt ihre Hälfte, also tu ich es auch. Das Stück, das für mich übrig bleibt, lohnt sich kaum runterzuschlucken. Ich wünschte, ich hätte Mutter den ganzen Fisch gegeben. Ich schaue mit meinem Klickschwall durch ihren Bauch und sehe die zusammengerollte Gestalt meiner kleinen Schwester.

»Sie wächst genau so, wie sie soll«, sagt Mutter. »Das verspreche ich dir.«

Es ist nicht nett, in jemanden hineinzusehen, aber ich kann es einfach nicht lassen zu schauen, ob mit Kapella alles in Ordnung ist. Ich reibe ganz leicht mit dem Kopf über Mutters prallen Bauch.

Eine Schwester – meine Schwester!

Jemand, den ich lieben und auf den ich aufpassen kann.

Jemand, der an meiner Seite schwimmen und die Arbeit als Wegfinderin mit mir teilen wird.

Großmutter führt uns aus dem seichten und schlickigen Zufluss an eine Stelle, wo das Ufer der Insel steil und felsig ist. Hier ist das Schieben des Meers stärker. Wir ruhen aus und lassen uns tragen.

Nahe der Oberfläche gibt es eine Höhle im Gestein, erinnere ich mich. Ich schwimme näher heran und wie beim letzten Mal, als wir hier vorbeikamen, schläft im Innern eine Seehundmutter mit ihrem Jungen. Ein weiterer Seehund gleitet am Höhleneingang vorbei und kaut sich ungerührt durch die Haut eines Stachelfischs. Vielleicht wäre es doch nicht schlecht, auch mal so einen zu probieren! Hungrig genug bin ich allemal.

Ich tauche unter Wasser und schicke meinen Klickschwall aus. Ich warte auf das Echo, hebe das Kinn, um noch den kleinsten Laut aufzufangen. Auf diese Weise sehe ich die Spalten und Klüfte im Felsen, wo Fische sich gern verstecken, so deutlich, als wenn die Sonne bis dort hinschiene. Ich entdecke ein paar von den stacheligen Gesellen und dann ... einen großen silbernen Blitz. Rasch dreh ich mich um. Sende wieder Klicklaute aus. Ja, o ja! Glatte Flanken, grau gesprenkelt, hakenförmiges Maul und sehr schnell.

Ein Lachs! Ein Silberlachs!

Ich schieße nach vorn, er weicht aus in Richtung der Felsen, auf der Suche nach einer Nische, die zu schmal ist für meine Zähne, zu schmal, um ihm zu folgen. Ich bleibe an ihm dran und er schwimmt im Zickzack an der Steilwand der Klippe hoch. Bei der Jagd zerkratze ich mir die Flanke, doch ich kann ihn schon schmecken. Ich schnappe zu – daneben. Er springt. Ich nehme all meine Kraft zusammen und schieße ebenfalls aus dem Wasser. Ich fange ihn nicht in der Luft, aber mit einem Schwung meines Kopfs schlage ich ihn gegen die Klippe. Er stürzt zurück ins Meer, betäubt.

Ich packe ihn, drücke die Zähne tief in seine fleischigen Seiten. Lachs! Endlich!

Einen Moment lang halte ich ihn bloß im Maul und stoße runde Bläschen des Glücks aus. Ich habe ihn ganz allein gefangen! Einen Silberlachs – nicht so groß wie unsere Königs-

lachse, doch er ist Nahrung, echte Nahrung. Ich spüre das ölige Wohlgefühl in meinem Mund. Er gehört mir! Nur mir. Ich könnte ihn komplett verschlingen. Meine Familie ist ein Stück vorausgeschwommen und dreht gerade in die nächste Drift zwischen den Inseln ab. Sie würden es nie erfahren, wenn ich den Fisch nicht teilte. Ich probiere ein kleines Stück. Es ist so köstlich, wie ich es in Erinnerung habe.

Ich hebe den Kopf aus dem Wasser und sehe zu, wie meine Familie dicht beisammen unter dem Sternenhimmel dahinschwimmt. Einer hinter dem andern, stoßen sie ihre Fontänen aus Luft, Wasser und Salz aus. Große Fontänen von Mutter und Großmutter, mittelgroße von Aquila, die nur zehn Fangzeiten älter als ich ist. Der alte Onkel Orion hat den größten Blas von allen. Deneb und Altair haben den kleinsten. Gleich werden sie um eine Klippe biegen, sodass sie mich nicht mal mehr mit dem stärksten Klickschwall wahrnehmen könnten. Mein Herz rast. Ich war noch nie allein. Ich könnte den ganzen Lachs auffressen und dann hinterherschwimmen. Ich *könnte*. Mein Magen gluckert vor Begeisterung bei dem Gedanken.

Und dann sehe ich, wie Onkel Orions große Rückenflosse umdreht, und ich spüre, wie sein Klickschwall über mich hinwegstreift. Mutter ruft meinen Namen und dann rufen auch Großmutter und Aquila. Sie sind alle hungrig. Trotzdem warten sie. Auf mich.

Von einem Herzschlag zum nächsten sind meine gierigen Gedanken fort. Ein kleiner Bissen gemeinsam ist mehr als ein Festmahl allein. So viel mehr! Ich trage meinen Lachs zu ihnen und wir teilen. Er reicht nicht. Aber wir sind zusammen, egal was das Schieben und Ziehen des Meeres bringen mag.

LÄRM

Wega hat einen Lachs gefangen. Einen großen! Na gut, einen mittelgroßen. Ich springe knapp über sie weg, um es zu feiern. Sie hält den Lachs zwischen den Zähnen und ich nehme mir einen Bissen. Es ist lange her, seit wir das letzte Mal einen Silberlachs gefunden haben. Alle sagen, Silberlachse sind nicht so gut wie Königslachse, aber bei meinem Hunger kümmert mich das überhaupt nicht.

»Gut gejagt«, sagt Mutter.

»Ist nicht einfach, ganz allein einen Lachs zu fangen«, ergänzt Großmutter. »Wie hast du ihn entdeckt?«

»Also ...« Wega wirkt ein bisschen aufgeregt. Ich bin froh, dass nicht ich Großmutter antworten muss. Meine Schwester ist so viel mutiger als ich! »Ich habe eine Felswand mit Spalten und Klüften gesehen. Stachelige Fische verstecken sich dort gerne, deshalb dachte ich, vielleicht versteckt sich da auch ein Lachs. Ich war nicht sicher, ob ich einen finden würde«, ergänzt Wega. »Es war einfach nur so ein Gefühl.«

Großmutter schenkt ihr ein seltenes Nicken der Zustimmung.

»Es ist an der Zeit«, sagt Mutter. »Du denkst wie eine Jägerin. Komm und führ uns wie eine Wegfinderin.«

Ich sehe, wie Wega an ihrem ganzen weißen Bauch entlang rot wird.

»Wohl wahr, es ist an der Zeit«, sagt Großmutter.

Sie stupst Wega in die Wegfinder-Position. Das hat es noch nie gegeben! Manchmal führt Aquila uns, wenn wir in einem einfachen Teil des Meers schwimmen. Ich dachte, Wega müsse viel älter werden, ehe sie dran ist. Ein Zittern geht durch ihren Körper vor Stolz und Kraft. Sie ist bereit!

»Seid ihr sicher?«, fragt sie, weil eine Wegfinderin niemals prahlt.

»Wir lernen zu führen, indem wir es versuchen«, antwortet Mutter. »Und indem wir einander vertrauen. Du weißt den Weg.«

»Dein Stern, der dir den Namen gegeben hat, steht oben am Himmel«, sagt Großmutter ernst. »Die Lachszeit liegt vor uns. Unsere Sippe wird sich sammeln.«

»*Ich* kenne den Weg«, sagt Aquila eifrig. »Der Sammelplatz liegt warmwärts, zwischen den Mittelinseln hindurch ...«

Sie redet und redet. Aquila weiß immer alles. Ständig ist sie an Großmutters Seite und jedes Mal hat sie die richtige

Antwort. Und dauernd unterbricht sie Wega. Dafür könnte ich ihr in den Schwanz beißen!

Ich will mich gerade zu Aquila stehlen, als Onkel Orion mich abfängt. Er stößt eine große warnende Luftblase unter meinem Kinn aus. Ich verstehe nicht, wie sich ein so alter Kerl derart schnell bewegen kann. Aber ich drehe gehorsam ab und schicke stattdessen Wega ein Zirpen der Ermutigung.

»Ich werde den Weg finden«, sagt sie.

Sie wird uns führen! Ich springe, drehe mich, klatsche ins Wasser. Ich schwimme einen Kreis um sie herum, schlage meine Fluke, die Schwanzflosse, aufs Wasser, um noch dem kleinsten Fisch zu verkünden, dass meine Schwester – *meine* Wega – heute die Führung übernehmen wird. Dabei ist sie erst elf Fangzeiten alt – und doch bereits eine Legende!

Ich ordne mich so ein, dass ich an erster Stelle hinter ihr bin. Außerdem halte ich mich bereit, Aquila in die Fluke zu beißen, wenn sie wieder die Besserwisserin herauskehrt.

»Schwimm voraus«, sagt Mutter.

Wega schickt ihren Klickschwall in die Wassermassen vor uns, obwohl ich weiß, dass sie alles genau im Kopf hat. Sie kennt zu jedem Algenwald und zu jedem komisch geformten Felsen eine Geschichte. Sie weiß, wo die Netzboote sind und wie man sich nicht drin verheddert. Es gibt viele Wege zwischen den Mittelinseln hindurch, die uns alle zum

Sammelplatz führen können. Aber Wega wird sich für den besten entscheiden: den Weg, wo es Fische zu fressen gibt.

Als wir uns aufmachen, singen Aquila und Mutter dem kleinen Altair »Seite an Seite und Finne an Fluke« vor, damit er dicht bei ihnen bleibt. Genauso haben sie auch mir das Lied immer vorgesungen, als ich noch klein war.

Ich höre, wie Wega sich die Geschichte von jedem Meereszeichen vorsagt, an dem wir vorbeikommen – der Steilhang mit dem Vorsprung voller Vogelnester ... die Felsspitze mit dem Baum, der vom Blitz getroffen wurde ... das gesunkene Boot mit all den Aalen im Innern. Ich wiederhole jedes Wegzeichen, wenn sie es ausspricht. Wega wird unsere Sippe auch dann noch führen, wenn sie alt ist. Und ich? Ich werde eine Finne haben, so groß wie die von Onkel Orion, und auf dem Rücken eine üble Narbe tragen wie er, die von meinen mutigen Heldentaten kündet.

Ein Stück voraus gibt es einen Durchlass zwischen der steil aufragenden Insel und der mit den flachen Hängen, wo

das Wasser so schnell strömt wie der Wind. Wega gönnt uns einen Augenblick Ruhe, während sie sich umschaut.

»Das Schieben ist stark hier«, ruft sie. »Aber danach folgen einfachere Gewässer.« Sie ermutigt uns, wie es Wegfinderinnen immer tun.

Plötzlich ertönt das schreckliche Dröhnen eines Menschenträgers. Der Lärm ist so laut, dass er alles verdunkelt. Ich hebe meinen Kopf aus dem Wasser, um dem Geräusch zu entfliehen. Die Knurrer des Boots wühlen das Meer auf, sie kommen direkt auf uns zu. Wieso hat Wega uns diesen Weg geführt? Wir müssen hier weg!

Mein Herz rast. Wega wird uns in eine andere Richtung lenken, da bin ich ganz sicher. In der letzten Fangzeit wurde sie von dem Knurrer eines großen Boots gebissen. Die Kerbe an ihrer Finne ist immer noch sichtbar. Sie hasst die großen Boote!

Wega schwebt im Wasser, vollkommen still. Ich kann gar nicht aufhören zu zittern, aber sie zuckt noch nicht mal. So mutig! Sie hat ganz eindeutig einen Plan. Wir könnten uns zurückziehen und den langen Weg außen um die Inseln herum nehmen. Ich bin müde, aber ich werde ihr überallhin folgen.

Wega schaut zu Mutter, sendet einen Klickschwall durch ihren Bauch, um das Junge zu sehen. Mutter ist viel müder als ich. Der lange Weg außen herum wird ihr schwerfallen. Doch ich werde ihr helfen. Sie kann in meinem Schatten

schwimmen, wenn sie erschöpft ist. Ich beobachte Wega und warte auf ihr Zeichen, umzukehren.

Die Lichter des Menschenträgers scheinen in alle Richtungen. Das Tuten des Horns ist lauter als eine ganze Kolonie von Seehunden. Wir müssen hier weg, jetzt!

»Weiter!«, ruft Wega da. »Bleibt dicht zusammen.« Und sie stürzt sich vor dem Menschenträger in den Durchlass.

Einen Moment lang verharren wir und versuchen zu verstehen, wieso sie der Gefahr nicht ausweicht. Doch sie ist meine Schwester – meine Wegfinderin – und ich bin der Erste, der ihr folgt.

»Wir kommen!«, rufe ich ihr über den Lärm hinweg zu.

Sie weiß, dass wir es schaffen werden, rechtzeitig vorbei zu gelangen. Warum sonst würde sie es tun? Ich zucke zusammen vor dem stampfenden Lärm und schwimme an ihre Seite. Unsere Familie folgt.

Wega versucht, Tempo zu machen, aber der kleine Altair kann nicht schneller, selbst wenn Aquila ihn vorwärtsstupst. Ich sende einen Klickschwall, um unseren Weg zu sehen, doch der Lärm überdröhnt meine Laute und um mich herum wird es dunkel.

Ich glaube, Wega rufen zu hören: »Kehrt um!« Oder vielleicht heißt es auch: »Macht schneller!«

Ich drehe mich wieder und wieder um, doch ich sehe und spüre meine Familie nicht. Die Knurrer peitschen riesige Schaumwolken ins Wasser. Der Menschenträger ist jetzt fast über uns. Wieder höre ich ein Rufen, aber ich verstehe nicht, was ich tun soll. Ich strecke meine Flipper, die Schwimmflossen, aus. Ich weiß, meine Familie ist in der Nähe, aber bei diesem Lärm scheint es, als wäre sie einen Ozean weit entfernt. Das Einzige, was ich durch den Krach höre, ist mein rasendes Herz.

Dann tauchen Mutter und Großmutter aus dem Dunkel auf und schwimmen ganz nah an mich heran. Ich drücke mich an sie und zittere vor Erleichterung. Ich möchte aufsteigen und Luft holen, doch der Menschenträger ist zu nah. Ich drücke mein Blasloch fest zusammen und warte. Mutter und Großmutter vereinigen ihren Klickschwall. Ein schwacher Schimmer unseres Wegs scheint vor uns auf. Ich schwimme in den Schatten der stärksten Wegfinderinnen meiner Familie.

Sie führen uns unter den Menschenträger. Wega zittert, obwohl wir ein ganzes Stück weg von den beißenden Zähnen am hinteren Ende sind. Ich nehme all meine Kraft zusammen und schwimme schneller, fort von den Knurrern, fort von dem Stöhn-Ratter-Surr, raus aus der Meerenge zwischen den Inseln, hinein in das seichte Wasser einer geschützten Bucht. Ich stürze mich in die hohen, dünnen Stängel eines Algenwalds und schnappe nach Luft.

Die Hitze der Panik in meinem Innern lässt nach und auch das Zittern hört auf. Mir ist kalt und ich schäme mich. Wega hat uns falsch geführt. Wie konnte sie das nur tun?

»Das war knapp!«, schreie ich. »Warum hast du das gemacht?«

Einen Atemzug später bereue ich es schon. Wer bin ich, dass ich eine Wegfinderin infrage stelle? Onkel Orion würde das niemals tun. Es war Wegas erster Versuch. Ihr Herz rast genauso wie meines. Mutter und Großmutter gehen dazwischen, besänftigen uns und preisen unseren Mut.

Niemand spricht mit Wega. Sie hält sich fern von uns.

Wir ruhen zusammen aus in der Bucht, dämmern, wachen auf und dämmern weiter. Die glatten, flachen Wedel des Seetangs streichen über unsere Flanken und das stete Rollen der Wellen schaukelt uns. Kurz bevor die Sonne aufgeht, führt Großmutter uns aus dem Algenwald ins offene Wasser. Als sie sich dem Meer zuwendet und in Richtung Sammelplatz aufbricht, dreht Wega ab und schwimmt fort.

Allein.

Ich kann es nicht glauben. Zwei Fehler in einer Nacht! Soll ich es Mutter sagen? Soll ich es nicht sagen? Alle haben den Blick auf Großmutter gerichtet. Sie können es sich nicht mal vorstellen, die Familie zu verlassen.

Ich kann es mir vorstellen. Mein Herz jagt meiner Schwester nach, doch der Rest meines Körpers bleibt, wo er ist. Ich weiß, wo ich hingehöre. Trotzdem fühle ich mich wie zerrissen.

VÖGEL

Ich habe sie falsch geführt. Wie konnte ich nur so eine schlechte Entscheidung treffen? Der Lärm des Menschenträgers dröhnt mir immer noch in den Ohren. Mein Herz pocht. Ich war mir so sicher, wir würden vorbeikommen – doch das Boot war schneller. Und Altair war so langsam.

Was, wenn Mutter oder Kapella in ihrem Bauch verletzt worden wären? Ohne mich geht es ihnen besser. Aquila ist die, die sie brauchen. Sie wird einmal eine perfekte Wegfinderin sein.

Das Meer breitet sich vor

mir aus, und ich sende einen Klickschwall hinab in das dunkle Wasser, um nach Lachsen zu suchen gegen den Hunger. Das zurückkehrende Echo zeigt mir den felsigen Abhang unter mir. Eine Seehündin und ihr Junges, schön pummelig und glatt, weichen mir aus, als wenn sie wüssten, was ich getan habe.

»Ich bin Wega, Tochter von Arktura, Enkelin von Siria aus der Warmwärts-Sippe der Großen Lachsfresser«, verkünde ich ihnen.

Die Seehündin dreht sich um, blinzelt mich an und wackelt mit ihren spärlichen Barthaaren.

»Ich gehöre nicht zu den Orcas, die Seehunde fressen«, ergänze ich in einem Gefühl von Verbundenheit. Doch sie wendet sich wieder ihrem Jungen zu und schwimmt davon.

Ein einsamer Krake gleitet über den felsigen Grund. Mit einer eleganten Bewegung seiner Tentakel weicht er einer Grotte aus. Darin lauert ein Aal, ganz Zahn und Geduld. Ich überlege, beide anständig zu grüßen, doch alle

Geschichten erzählen von der Unfreundlichkeit der Aale und Kraken, deshalb schwimme ich lieber weiter.

Wenn ich Lachs für meine Familie fände, würde ich es verdienen, weiter mit ihnen zu wandern. Aber ich finde keine Lachse und der Hunger liegt wie ein Felsstein in mir. Trotzdem suche ich weiter. Lachse müssen fressen. Draußen im offenen Meer habe ich sie in der kalten Zeit alle möglichen Arten von kleinen Fischen verschlingen sehen. Ich ändere meine Strategie.

Wenn du die Nahrung der Lachse findest, findest du auch die Lachse, sage ich mir.

Ich forme meinen Klickschwall neu, um nach den Futterfischen unserer Lachse zu suchen. Ich schwimme zu einer flacheren Stelle. Als ich näher komme, sehe ich eine grüne Wolke. Ein Schwarm kleiner Wesen schwimmt auf sie zu und frisst sich an der Wolke satt. Sie sind zu klein, um sie sehen zu können, doch ich höre das Schnappen und Knuspern von Tausenden winzigen Mäulern. Plötzlich ein silbernes Aufflackern – Stint und Hering. Sie schießen durch die grüne Wolke, um sich die unsichtbaren Wesen zu schnappen. Weitere kleine Fische kommen, noch mehr und noch mehr, bis das Wasser flimmert wie der Sternenhimmel.

Und nun kommen auch größere Jäger herbei. Lummen und Papageientaucher sind die ersten. Die Lummen sind die großen Fischhüter des Meers – schwarz auf dem Rücken und weiß am Bauch, genau wie ich. Sie sind so groß wie Enten und in der Luft die unbeholfensten Vögel, die ich je gesehen habe. Aber unter Wasser sind sie schweigsam und tödlich. Niemand kann so geschickt wenden, nach unten schießen und

ausweichen wie sie. Manchmal schwimme ich zu den flacheren Stellen, nur um sie bei der Jagd zu bewundern.

Die Lummen schwimmen um die Fische herum und ziehen immer engere Kreise. So treiben sie sie zu einem dichten Knäuel, einem schimmernden Fischmond zusammen. Dann picken sie sich die Heringe von den Rändern, packen sie am Schwanz und schlucken sie im Ganzen herunter. Sicher werden zu so einem Festmahl auch Lachse kommen. Wie sollten sie dem widerstehen können? Ich halte mich in den Schatten versteckt und warte.

Als Nächstes fliegen Möwen ein. Sie setzen sich auf die Haut des Wassers, schlenkern mit ihren Flossen und tauchen unter, um nach den Fischen zu schnappen. Ich suche überall nach Lachsen, aber keiner kommt, um sich seinen Teil zu ergattern.

Ich bin so konzentriert darauf, dass ich den Wal erst bemerke, als er schon direkt unter mir ist. Es ist ein Zwergwal – ein Schlinger. Er nähert sich seiner Beute von unten und stößt dann mit offenem Maul in die Höhe. Sein Schlund weitet sich, füllt sich mit Wasser und Fischen. Dann schließt er sein Maul wieder und sinkt zurück. Mit der Zunge schiebt er das Wasser heraus und schluckt den wuselnden Haufen Fische herunter, der übrig bleibt.

Ich bedaure die schlingenden Wale, besonders diese kleinen. Sie haben keine richtigen Zähne, nur eine Art Kamm im Maul, um ihre winzigen Mahlzeiten aus dem Wasser zu sieben. Ihre Fontäne wirkt halbherzig, ihre Flipper sind lachhaft klein. Eindeutig bin ich ihnen überlegen. Und doch hat der Zwergwal ein Maulvoll Nahrung, während ich trotz all meiner Fähigkeiten so leer bin wie eine Qualle.

Der Zwergwal schwimmt davon und lässt eine Wolke schimmernder Fischschuppen zurück. Die Lummen beginnen wieder zu kreisen. Die Papageientaucher schließen sich ihnen an und schnappen mit ihren dicken orangenen Schnäbeln viele Fische auf einmal.

»Wir fressen keinen Hering«, hat meine Familie mir immer wieder erklärt. »Hab Respekt vor den Fischen, die unsere Lachse brauchen«, sagt Großmutter ständig. »Wenn du alles wegfrisst, machst du aus dem Meer eine Ödnis.«

Aber ich habe Hunger. Und keiner wird es sehen!

Ich bringe mich unter dem wirbelnden Fischmond in Stellung. Wende mich himmelwärts, schlage mit der Fluke und öffne mein Maul. Wasser und Fische stürzen herein, während ich nach oben schwimme. Als ich aus dem Wasser schieße, klappe ich die Zähne zusammen ... und stelle schockiert fest, dass ich eine Möwe an ihrer Flosse erwischt habe. Ich probiere den Trick des Zwergwals und schiebe mit der Zunge das Wasser hinaus, doch mit dem Wasser verschwindet auch das meiste an Fischen aus meinem Maul. Nur nicht die Möwe. Sie hängt hartnäckig zwischen meinen Zähnen fest und flattert wie verrückt gegen die weichen Stellen an meinem Kinn. Ich schlucke die restlichen Fische

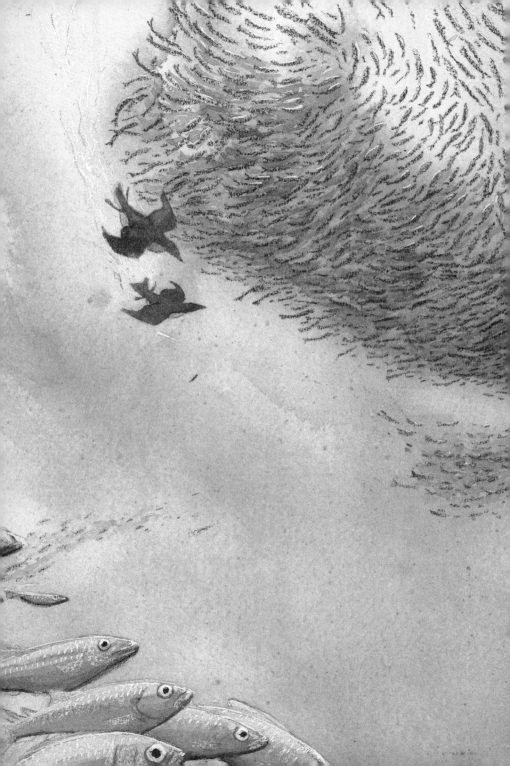

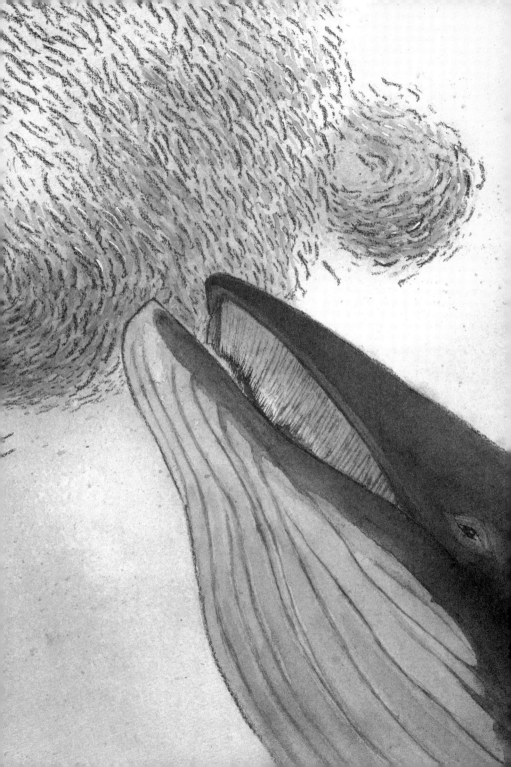

im Maul herunter und hebe meinen Kopf. Die Möwe schreit und schlägt ihre Flügel hart gegen mein Gesicht. Ich versuche, ihr zu helfen, indem ich mich schüttle, aber die Möwe kreischt nur noch lauter.

»Wega, Tochter von Arktura, lass doch den Vogel frei!«, schimpft eine Stimme hinter mir.

Ich wirble herum und entdecke Aquila. Wieder erwischt! Wieder dabei, wie ich etwas Dummes tue. Wieder!

»Umpf!«, murmele ich und mache mit der Zunge an der Vogelflosse herum. Die Möwe verliert ihre Kraft zu kämpfen. Ich halte sie vorsichtig über Wasser.

»Wir fressen keine Vögel«, sagt Aquila. »Also ehrlich, Wega, das weißt du doch schon ewig.« Sie schnaubt ungeduldig. »Ist ja nun wirklich nicht schwer zu merken, nicht mal für dich.«

Ich konzentriere mich darauf, die Möwenflosse mit meiner Zunge nach oben zu schieben.

»Es ist nicht richtig. Es ist nicht würdig«, redet Aquila weiter.

Ich versuche, nicht zuzuhören, doch ihre Worte treffen mich so hart wie der gefrorene Regen im Winter.

»Wie willst du das alles lernen? Es gibt so viel, das man wissen muss. Du musst dich mehr anstrengen!«

Ich werde nie gut genug sein.

»Du musst üben, Wega. Wieso versuchst du es nicht wenigstens?«

Ich versuche es ja. Jeden Tag. Aber Aquila sieht nur, wenn ich etwas falsch mache. Ich mühe mich weiter ab, der Möwe zu helfen. Sie flattert jetzt überhaupt nicht mehr.

»Was wird aus uns werden?«, sagt Aquila etwas weicher. »Wieso kannst du nicht mehr wie deine Mutter sein?«

Als die Möwe endlich frei ist, stupse ich sie mit der Schnabelseite nach oben auf die Wasserhaut. »Geh nicht unter«, pfeife ich leise. »Bitte geh nicht unter.«

»Hörst du mir überhaupt zu?«, fragt Aquila. »Du bist weggeschwommen! Was ist los mit dir?« Sie schickt einen energischen Klickschwall in meine Richtung und schaut durch mich durch, dorthin, wo die Heringe unangenehm in mir herumschwappen.

Ich hasse es, durchschaut zu werden. Und Aquila macht das ständig! Ich wünschte, ich würde eine orcagroße Höhle finden, um mich darin zu verstecken wie ein Aal. Aquila starrt zu der armen Möwe hoch, die immer noch versucht, wegzuschwimmen. Es tut mir so leid!

»Lass mich dich mal ansehen«, sagt Aquila und schaltet in ihren mütterlichen Ton um. Sie klickt vorsichtig über meinen Kopf. »Hat der Vogel dich verletzt?«

»Nein«, murmele ich.

Ich schaue mich um, und plötzlich wird mir klar, dass wir allein sind. Altair ist noch nie von Aquilas Seite gewichen, seit seiner Geburt nicht. Wo ist er? Einen Moment denke ich das Schlimmste, aber nein: Aquila würde krank sein vor Trauer, wenn Altair verschwunden wäre. Doch es geht ihr gut. Sie ist nur ein bisschen mürrisch. Enttäuscht von mir, wie immer. Sie hat Altair wohl bei den andern zurückgelassen. Um mich zu suchen.

Ich bin froh darüber, aber ich schäme mich auch. Wir waren mal beste Freundinnen. All die Spiele – Fangen, Verstecken, Fluke-Jagen ... ich vermisse das so. Doch Aquila ist jetzt Mutter und die Sonne kann man nicht aufhalten. Aquila ist zu alt für Spiele, und ich bin zu trotzig, sie aufzugeben. Wenn Kapella geboren ist, werde ich endlich selbst eine Schwester haben, mit der ich spielen kann.

»Keine Angst«, sage ich leise. »Ich mach es nie wieder. Ich war nur –«

»Hungrig?«, fragt Aquila. Sie gibt mir einen Stupser, so wie sie es früher getan hat.

Ich stoße eine große traurige Blase aus.

»Ich auch«, sagt Aquila. »Aber ich glaube, ich weiß, wo es Lachse gibt. Willst du mit mir jagen? Ist ein neues Spiel, Wega. Und wir haben das ganze Leben, um es zusammen zu spielen. Kommst du mit? Unsere Familie braucht dich.«

Ich glaube ihr nicht, nicht tief in meinem Herzen, aber was soll ich machen? Ich gleite in Aquilas Schwimmschatten und gemeinsam machen wir uns zum Sammelplatz auf, Seite an Seite und Finne an Fluke.

SAMMELPLATZ

Ich folge Aquila. Als ich noch jünger war, habe ich mich immer mit meiner Cousine gemessen – die Höhe der Finne, die Länge der Flipper. Immer wollte ich mit ihr mithalten. Jetzt gerade bin ich erleichtert, dass ihre Rückenflosse größer als meine ist. Froh, dass ich noch Zeit zu wachsen habe. Wir schwimmen Seite an Seite, sodass sich unsere Flipper berühren. Das alte Spiel, wie lange wir die Berührung halten können.

»Weißt du«, sagt Aquila, »wir könnten die Ersten sein, die unsere Lachse finden.«

»Sie müssen ganz in der Nähe sein«, antworte ich. »Die Sommersterne stehen richtig. Die Sippe versammelt sich.«

Am Ufer der Salischen See erheben sich Berge wie ein großes Riff an Land. Die Berge rufen den Lachs schon so lange aus dem Meer zu sich, wie sich unsere Sippe erinnern kann. Niemand weiß genau, wie die Berge mit den Lachsen sprechen, doch jedes Jahr fällt Regen in ihren Wäldern, schießt in Bächen und Flüssen zu Tal und spuckt riesige Fontänen von grauem und türkisfarbenem Wasser ins Meer. Die Lachse hören den Ruf, kommen aus der Weite des Ozeans nach Hause und ernähren uns auf ihrem Weg.

Später sausen winzige Lachsjunge aus den Bergen durch die Flüsse und Bäche zurück ins Meer, alle gesprenkelt und silbern wie ihre Eltern. Sie verstecken sich in den Seegraswiesen, bis sie groß genug sind, um hinaus in den offenen Ozean zu schwimmen. Und dann verschwinden sie in der Blauen Wildnis, in die niemand aus unserer Sippe sich hinauswagt. Doch die Berge sind verlässlich und die Fangzeit kehrt zurück. Regen fällt. Die Berge rufen die Lachse nach

Hause. Ein großer Kreislauf, so wie der lange Tanz, den wir mit der Sippe jedes Mal tanzen, wenn die Lachse kommen.

Ich stelle mir vor, als Erste einen Lachsschwarm zu finden, nicht einen einzelnen Fisch, sondern eine ganze Familie, so groß wie eine Gewitterwolke. Ich will die Erste sein, die ihre Zähne in sie hineinsenkt, die Erste, die ihren Fang mit allen teilt. Ich bin hungrig auf das Gefühl eines vollen Magens. Und hungrig darauf zu sehen, dass die Berge uns nicht vergessen haben. Hungrig zu wissen, dass unsere Lachse die Blaue Wildnis überlebt und sich an den Heimweg erinnert haben.

Aquila und ich schwimmen auf die untergehende Sonne zu. Wir durchstreifen das Meer mit unsrem Klickschwall. Wenn große Boote in der Nähe sind, klicken wir lauter.

»Noch ein kleines Stück«, sagt Aquila fröhlich.

Wir beobachten Schweinswale, die sich mit Stint und Hering begnügen, und schwimmen weiter. Unter uns stößt ein Grauwal seinen *Ump-a-ump-a-ump*-Ruf aus, während er seine langweilige Mahlzeit aus dem Schlick am Meeresboden wühlt. Und wir schwimmen weiter.

»Fast da«, sagt Aquila, noch immer fröhlich.

»Hier drüben.«

»Gleich hinter der Sandbank.«

»Wenn der Lastenträger vorbei ist.«

Sie ist beharrlich. Und fröhlich. Langsam geht mir das auf die Nerven. Selbst die Seesterne und hirnlosen Seeigel um uns herum mampfen vor sich hin.

Als ich noch klein war, dachte ich, Großmutter würde das Meer bis auf den letzten Tropfen kennen. Ich dachte, sie und Mutter wären es, die die Lachse aus der Blauen Wildnis rufen. Doch je mehr ich lerne, desto weniger verstehe ich: Manchmal sind so viele Seehunde und Seelöwen da, dass es Kämpfe um unsere Lachse gibt. Manchmal kommen Netzboote und nehmen uns welche weg. Manchmal gibt es aber auch viel Lachs und er reicht für alle. Und manchmal kommen die Lachse spät oder es schaffen nur wenige nach Hause. Niemand weiß, wieso.

Ich schwimme mit Aquila auf den tieferen Teil unserer Heimatgewässer zu und spüre einen leichten Schauer, als der Grund plötzlich abfällt unter uns und außer Sicht gerät. Ich liebe die Tiefe. Ich mag nicht die stacheligen Krebse, die auf ihren vielen Beinen seitwärts da unten herumrennen.

Tintenfische sind auch nicht gerade meine Lieblingstiere. Aber ich mag es, Gruselgeschichten über das zu erzählen, was dort lauert, wo das Sonnenlicht nicht mehr hinkommt – die gleichen Geschichten, die Aquila mir erzählt hat, als ich noch klein war. Einige ihrer Geschichten waren so gruselig, dass wir uns beide unter den Flippern unserer Mütter versteckten. Mutter brummte dann beruhigend.

»Niemand jagt uns«, erinnerte sie mich.

Aber Großmutter sagt immer: »Es gibt mehr Dinge im Meer, als selbst ich je gesehen habe.«

Ich liebe es, mir auszumalen, was für schaurige Wesen in der Tiefe lauern, seit Hunderten von Fangzeiten ungesehen. Ich möchte Dinge entdecken, die niemand aus meiner Familie je entdeckt hat, etwas finden, was so winzig ist, dass wir es übersehen haben, oder das so weit unten lebt, dass es seinen eigenen Lichtschein erzeugen muss, um zu überleben.

An der Küste vor uns sehe ich Haufen von Kästen und Ströme von Landbooten – den Schlafplatz einer Herde von Menschen. Unser Sammelplatz liegt jenseits davon. Zwei Unterwasserberge markieren die Stelle. Alle Familien aus meiner Sippe sind schon immer, so lange sich Großmutter erinnern kann, hierhergekommen, um die Rückkehr der Lachse zu erleben.

Der schwache Geschmack von salzigerem Wasser aus dem offenen Ozean erinnert mich an die Wintertage, die wir

entlang der stürmischen Küsten verbracht haben. Aquila und ich sind dem Sammelplatz jetzt schon ganz nah. Wenn ich meinen Klickschwall aussende, kann ich dort bereits die Schemen vieler Orcas erkennen. Ich kann es nicht mehr erwarten, nach so langer Zeit, die wir getrennt waren, endlich wieder mit ihnen zusammen zu sein. Deshalb rufe ich.

Ehe sie antworten können, erschüttert etwas unter uns sämtliche Steine des Meers. Der erste Stoß trifft wie der Einschlag eines Blitzes ins Wasser.

»Was war das?«, frage ich und drehe mich zu Aquila um.

Sie schwimmt an meine Seite und nimmt mich unter ihre Flipper, als ob ich ein Baby wäre.

Ein zweiter Stoß!

Ein tiefes Mahlen, Stein gegen Stein, so laut, dass ich es auf der Haut spüren kann. Kleine Sandflüchter und Bodenfische treiben aus ihren Verstecken hoch und hängen im Wasser, viel zu schockiert, um wegzuschwimmen. Blasen zischen empor, als ob etwas Monsterhaftes unter dem Meerboden atmet. Das Wasser hat auf einmal einen bitteren Geschmack.

Ich verstecke mich in Aquilas Schatten, fürchte mich davor, nach oben zu schwimmen, um zu atmen. Doch dann hört der Blasenstrom so plötzlich auf, wie er begonnen hat. Und das Mahlen in der Tiefe endet einen Moment später. Aquila und ich schwimmen Seite an Seite nach oben, um Luft zu holen.

Luft, Luft, noch mal und noch mal.

»Es ist eine Kraft der Erde«, sagt Aquila. Sie klingt so zittrig, wie ich mich fühle.

Kleine Seebeben gibt es manchmal. Ich habe schon öfter welche gespürt. Aber dieses fühlte sich anders an. Und ich habe noch nie in meinem Leben Blasen aus dem Meerboden aufsteigen sehen.

»Die Erde juckt sich, genauso wie wir.« Aquila erzählt die Geschichte, die Großmutter uns erzählt hat, als wir beide klein waren: »Sie wälzt und reibt sich an den Felsen wie wir und manchmal lösen sich Teile, genauso wie wir alte Haut abstoßen.« Es liegt etwas Flehendes in ihrer Stimme. Sie braucht mich, damit ich die Geschichte glaube – dann kann sie es auch.

Über Wasser sieht alles aus wie vorher. Adler kreisen. Boote schlingern hin und her. An der Küste, zwischen den großen Kästen, rollen wie immer kleine Landboote.

»Wir sollten weiterschwimmen«, sage ich. »Altair wird Angst haben.«

Aquila stimmt mir zu.

Wir sind noch nicht weit gekommen, als Großmutters

Ruf uns erreicht: »Ich bin Siria aus der Warmwärts-Sippe der Großen Lachsfresser.«

»Ich bin Arktura, Tochter von Siria«, ruft Mutter darauf.

»Ich! Ich bin ich«, quiekt Altair, der das Spiel unbedingt mitspielen will, völlig unpassend.

Ich springe vor Freude. Meine Familie!

Auch andere rufen nun ihre Namen. Zuerst Mütter und Schwestern, dann Brüder und Söhne. Außer Altair, der ununterbrochen »Ich! Ich!« zirpt. Ich höre Tante Nova, Mutters Schwester, und Großmutters zwei ältere Schwestern. Ihre Töchter und Söhne rufen ebenfalls. Ein paar Augenblicke später und viel weiter weg höre ich noch mehr Namen meiner Sippe, die gerade vom offenen Ozean her angeschwommen kommen.

»Ich bin Kallisto, Tochter von Europa, Enkelin von Io aus der Warmwärts-Sippe der Großen Lachsfresser.«

»Ich bin Phoebe, Tochter von Titania.«

Sie haben eine weitere Kaltzeit überlebt und kommen zu uns nach Hause. Sie sind nicht meine Wandergefährten, aber sie sprechen meine Sprache und wir gehören zusammen. Auch wenn ich sie nicht die ganze Zeit über sehe, fühle ich mich doch stärker und mutiger, wenn wir zusammen sind.

Aquila und ich erreichen den Sammelplatz. Altair schwimmt eilig an die Seite seiner Mutter und stößt gegen ihren Bauch, bis Milch kommt. Er ist längst zu alt dafür, seine Nahrung zu trinken, aber immer noch jung genug, um Trostmilch zu erbetteln.

Ein paar schnelle Schlucke und er ist wieder fröhlich wie immer.

Deneb unterbricht das Wettschwimmen mit seinen Cousins. Wieder und wieder streicht er um mich herum, berührt meine Flanken mit seinen Flippern und reibt seinen Kopf gegen die weichen Stellen an meinem Kinn.

»Tut mir leid«, flüstere ich und stupse ihn an, damit er zurück zu seinen Cousins schwimmt. Doch er bleibt an meiner Seite, wie um sicherzugehen, dass ich nicht wieder verschwinde.

Jedes Jahr tanzen wir mit unserer Sippe unseren langen Tanz – den Tanz zu Ehren der Rückkehr der Lachse. Und wir erzählen von unseren Reisen, von wilden Abenteuern und knappem Entkommen. Ich höre zu, wie die Wegfinderinnen das heutige Seebeben mit denen vergleichen, die Generationen zurückliegen. Ich bin froh, die alten Geschichten zu hören. Wir haben schon andere schlimme Dinge überstanden. Keine Kraft der Erde wird verhindern, dass wir uns wiedersehen.

In dem ganzen Trubel kommt Großmutter zu Aquila und legt liebevoll einen Flipper auf ihren. »Gut gemacht. Du hast den Weg gefunden.«

Großmutter schimpft nicht, weil ich fortgeschwommen bin.

Sie schimpft nie.

Doch das, was sie nicht gesagt hat, gibt mir einen Stich. Ich habe einen Fehler gemacht, als ich meine Familie geführt habe. Ich habe nur daran gedacht, wie schnell *ich* schwimmen kann, habe mich nur um die Bedürfnisse meiner Mutter gekümmert, nicht darum, ob mein kleiner Cousin stark genug war, es zu schaffen. Nicht darum, was das Beste für meine *ganze* Familie war.

Wegfinderin sein ist ein Vorrecht – und auch mein Geburtsrecht. Ich will dessen würdig sein.

Irgendwann.

LANGER TANZ

Wega ist zurück! Sie hat uns gefunden! Ich wusste, dass sie das schafft. Ich wende mich von dem Spiel mit meinen Cousins ab und schwimme wieder und wieder um Wega herum. Ich werde sie nie mehr aus den Augen lassen.

Und nun tanzen wir unseren langen Tanz, zuerst in Familienreihen, die aufeinander zuschwimmen, während wir unsere Namen verkünden. Dann kommt der lustige Teil: das Springen und Kreiseln, das Spritzen und Jagen. Ich zeige allen, wie groß und stark ich geworden bin. Ich wälze mich erst auf die eine, dann auf die andere Seite, damit sich meine Sippe den Schatten meiner Finne einprägt, der wie eine Silberwolke über meinem Rücken schimmert. Ich versuche, mich an die Namen, Finnenschatten und Schwanz-

formen der Verwandtschaft zu erinnern, mit der ich normalerweise nicht durch die Meere wandere.

Die Begrüßungen dauern bis nach Sonnenuntergang – und es ist klar, dass Mutter und das Baby in ihrem Bauch im Mittelpunkt stehen. Seit vielen Fangzeiten hat es keine Mutter mit einem vollkommen runden Bauch mehr gegeben. Es ist ein großes Glück für die ganze Sippe, wenn ein Junges geboren wird. Und Mutters Baby wird ein Mädchen. Das bedeutet noch mehr Glück.

»Endlich ein Mädchen«, sagt auch Tante Nova.

»Möge sie eines Tages die Mutter vieler weiterer werden«, sagt Onkel Antares.

Einige haben ein Maulvoll ihres letzten Fressens mitgebracht, um es mit Mutter zu teilen. Alle überschütten sie mit liebevollem Streicheln und einem fürsorglichen Klickschwall.

Irgendwann beruhigt sich die Versammlung. Ein paar von uns gehen auf Jagd. Andere bilden eine Schlaflinie und dämmern. Ich sehe, wie Wega und Aquila die Schlaflinie verlassen, um mit Großmutter zu sprechen. Ich schleiche mich heran, bewege mich so langsam wie möglich am Rest meiner Familie vorbei. Als ich nahe genug bin, um zu lauschen, schließe ich ein Auge und tue so, als ob ich schliefe.

»Einmal vor vielen, vielen Fangzeiten«, sagt Großmutter,

»damals, als die Großmutter meiner Großmutter langsam eine gewiefte Leitmutter wurde, so wie ihr jetzt ...«

Eine Geschichte! Ich liebe Geschichten. Ich treibe mit den anderen Schläfern nach oben, um zu atmen, damit niemand merkt, dass ich lausche.

Großmutter fährt fort: »... damals gab es ein Beben. Es war so stark wie dieses. Aber anders als heute hörte es nicht auf, bis es die Form des Meers neu gestaltet hatte, bis es Bäume, Menschen und Tiere vom Ufer gerissen hatte und sie den Wellen überließ. Dunkle Tage folgten für alle Geschöpfe, egal ob sie schwammen, liefen oder flogen.«

Mein Herz pocht so laut, dass ich sicher bin, es wird alle anderen aufwecken. Ein Klickschwall in meine Richtung und sie werden sehen, dass ich nicht schlafe! Ich presse mein Auge zu.

»Sprich weiter!«, sagen Wega und Aquila gleichzeitig.

Und Großmutter erzählt – Geschichten, die zu gruselig und zu fantastisch sind, um wahr zu sein. Ich verschlinge jedes Wort.

Könnte das wieder passieren?, frage ich mich und plötzlich, gerade so, als wenn Großmutter meine Gedanken hören könnte, stupst sie Wega an und seufzt. »Was einmal passiert ist, kann wieder geschehen.«

»Was sollen wir dann tun?«, fragt Aquila.

Ich schiebe mich näher heran, damit ich nichts verpasse.

»Wenn die Erde bebt, ist der offene Ozean eine Zuflucht. Aber –«

»Aber das Baby kann jeden Tag auf die Welt kommen«, sagt Wega. »Und der Lachs schwimmt hierher, in unsere Heimat.«

»Die Meeresströmungen sind hart für ein Neugeborenes«, gibt Großmutter zu. »Doch vergesst nie, zusammen geht alles leichter als allein.«

Ja! Ich schreie es innerlich, obwohl ich es eigentlich in Wegas Ohr bellen möchte.

»Also bleiben wir hier«, fragt Wega, »auch wenn das Meer vielleicht wieder bebt?«

»Wir bleiben heute«, antwortet Großmutter. »Wir horchen. Wir lernen. Und morgen horchen wir wieder. Lernen erneut. Entscheiden neu.«

Zusammenbleiben, sage ich mir. *Zusammen horchen. Zusammen lernen.* Es war falsch, an meiner Schwester zu zweifeln. Ich höre auf, so zu tun, als ob ich schliefe, und bewege mich in Wegas Schwimmschatten.

»Ich werde dir immer folgen«, sage ich.

GEBURT

Mutter stöhnt im Schlaf und wacht auf. Onkel Orion ist wie immer an ihrer Seite. Er stupst sie himmelwärts, damit sie atmet.

»Danke«, murmelt Mutter.

»Es ist so weit«, verkündet Großmutter. Sie wendet sich zu ihrem Bruder um. »Orion, pass auf uns auf!«

Wie durch Zauberei erwachen alle Wegfinderinnen und Jäger unserer Sippe und schwimmen an Mutters Seite.

»Ich will auch helfen«, sage ich.

»Mutter«, sagt Wega. »Wird alles gut? Kommt es nicht zu früh?«

Die anderen beruhigen sie und stupsen sie in den Kreis der Gefährtinnen.

»Komm mit uns«, sagt Onkel Orion zu mir. Er und Onkel Antares schwimmen zu beiden Seiten von mir und drängen mich von den andern um Mutter herum ab.

»Aber sie braucht mich.« Ich stoße gegen die Onkel. Wie kann ich Mutter verlassen – und Wega? Ich habe versprochen, dass ich das niemals tun werde!

Meine Onkel sind jedoch größer als ich und genauso entschlossen.

»Wir werden auch helfen«, sagt Onkel Orion.

»Wir halten Wache«, ergänzt Onkel Antares.

Ich will nicht Wache halten. Ich will in dem Kreis der Gefährtinnen sein.

Doch ich komme nicht gegen meine Onkel an. Sie sind riesig im Verhältnis zu mir. Aber ich wette, ich kann sie überlisten! Ich richte meinen Klickschwall auf die erste Felsspalte, die ich entdecke.

»Oh, schaut, ein Krake!«

Früher, als ich noch ziemlich klein war, hat ein Krake es mal gewagt, seine Tentakel auf mich zu legen. Onkel Orion hat sich den Burschen geschnappt, ihn mit einem einzigen Sprung aus dem Wasser gehoben und – *platsch!* – gegen die Seitenwand eines vorbeifahrenden Wachboots geschleudert.

Deshalb wird ein lauernder Krake meine Onkel bestimmt ablenken. Ich winde mich zwischen ihnen heraus und schwimme zu den Müttern und Wega zurück.

»Ich bin hier!«, verkünde ich dem Kreis. »Ich will helfen«, ergänze ich, als niemand antwortet.

Mutter ist in der Mitte. Die anderen senden beruhigende Klicklaute über ihren Körper, von der Nase bis zur Fluke.

»Da kommt es«, sagt Großmutter in einem besonders sanften Ton.

»Fast geschafft«, summt Tante Nova.

Ein Schwall gelber Spritzer dringt aus Mutters Schwanzende.

»Tut es weh?«, fragt Wega. »Ist es sehr schlimm?«

»Mach dir keine Sorgen, mein leuchtender Stern«, sagt Mutter. »Ich bin stark.«

»Ich bin hier!«, rufe ich. »Ich will helfen.«

»Hey!«, sagt Onkel Antares und stößt mit seiner Finne kräftig in meinen Bauch. »Komm, hilf mir, die Haie zu vertreiben.«

»Ich kann sie doch nicht verlassen!«

»Sei tapfer, meine Schwester«, flüstert Tante Nova.

»Du bist stark«, sagt Großmutter Io.

»Stark, stark, stark«, singen Wega und Aquila zusammen.

Ein schwarz-gold-rosa gefärbter Schwanz erscheint, eng zusammengerollt inmitten einer Wolke aus blassgelbem Wasser und rotem Blut.

»Blut zieht Haie an«, sagt Onkel Antares und stupst mich aus dem Kreis. »Wir müssen die Mütter bewachen.«

Es stimmt, ein paar blaue Haie strömen tatsächlich auf uns zu.

Onkel Orion hat den Kampf bereits eröffnet und schlägt mit seinem Schwanz auf ihre spitzen Nasen ein. Onkel Antares beißt einen der Räuber und schüttelt ihn kräftig, ehe er ihn wieder loslässt.

Also gut! Ich greife einen der Haie an und zwicke ihn in den Schwanz, bis er beschließt, lieber weiterzuschwimmen. Ich halte Wache und suche nach neuen Eindringlingen, kehre aber immer wieder zurück, um nach Mutter zu sehen.

Das letzte Mal, als sie ein Baby bekam, blieb der Schwanz des Kleinen eingerollt wie eine Schnecke in ihrem Haus. Das Herz des Neugeborenen hat nie geschlagen. Deshalb habe ich nun fast Angst hinzugucken. Doch als ich es tue, sehe ich, wie Großmutter sanft einen winzigen, perfekt geformten Schwanz streichelt. Ja! Ich springe, überschlage mich in der Luft und wälze mich in dem seligen Blasengesprudel.

Plötzlich fällt mein Blick auf einen streunenden Kraken – ein riesiges Tier, das über den Meeresgrund läuft. Gefahr! Ich schieße hinab und packe den Kraken am Kopf. Sofort wickelt

er drei seiner Tentakel um mich. Ich winde mich in die eine Richtung und wirble in die andere zurück, um mich aus seinem Griff zu lösen. Dann verpasse ich ihm einen heftigen Schlag mit dem Schwanz. Er tintet mich ein und gleitet davon. Zufrieden schaue ich ihm hinterher, dann wedle ich mit den Flippern die Tintenwolke fort, damit sie nicht hinüberweht und die Mütter belästigt.

Ich kehre zu ihnen zurück. Die Wegfinderinnen haben sich Richtung Himmel bewegt und atmen alle zusammen. Vorsichtig halten Großmutter und Tante Nova das Neugeborene zwischen sich.

»Sie ist da!«, rufe ich und springe vor Freude aus dem Wasser. Ich wirble um den Kreis der Mütter und schraube mich vor Aufregung wieder und wieder in die Höhe.

Niemand antwortet mir. Nicht einmal Wega.

Ich höre auf zu springen. Stattdessen schwimme ich um die Gefährtinnen herum, diesmal ganz langsam. Mutter knurrt leise. Etwas gleitet aus ihrem Körper. Es ist so weiß wie Knochen und so biegsam wie ein Seegrasstiel, so groß wie ein Baby und leer. Einen Moment lang schwebt es im Wasser, dann sinkt es in die Tiefe.

»Mutter?«

Ich schwimme näher. Niemand sieht in meine Richtung. Ich betrachte meine winzige schwarz- und sonnenaufgangsfarbene Schwester. Kapella – auf die wir alle gewartet haben und die uns Glück bringen wird. Tante Nova hebt sie durch die Haut des Meers, damit sie atmen kann. Großmutter drückt vorsichtig gegen ihren kleinen Bauch. Ein gelblicher Strom sickert aus ihrem Maul, ihre Augen sind geschlossen. Das Blasloch auf ihrem Kopf geht auf und zu, doch es dringt keine Luft ein.

»Mutter?«, frage ich wieder.

Alle schweigen. Mutter sieht ihr Baby an und sendet ihm so behutsam wie möglich einen Klickschwall über die Haut.

Schlägt das Herz? Ich weiß es nicht. Ich möchte mit meinem eigenen Klickschwall über Kapella streifen und selbst schauen, ob sich ihre Lungen so füllen und leeren, wie sie es sollten, aber ich traue mich nicht.

Onkel Orion schwimmt neben mich und sieht zu seiner Schwester und all ihren Töchtern und Enkelinnen. »Ich bin hier«, sagt er. »Ich bin an deiner Seite.«

Ich sehne mich danach, einfach in Onkel Orions Schwimmschatten zu gleiten und mich seiner Stärke anzuvertrauen, wie ich es schon so oft getan habe. Aber ich bin nicht das Kleine meiner Mutter. Nicht mehr. Ich schwimme zu Wega und stupse sie so sanft an, wie ich nur kann.

»Ich bin hier«, flüstere ich.

Großmutter drückt weiter Kapellas Bauch, während

Tante Nova sie in die Luft hebt. Mutter überschwemmt sie mit ihren zartesten Klicks und versucht, sie zum Atmen zu bewegen.

Ich weiß nicht, wie lange wir warten, schauen und hoffen, dass Kapella lebt. Ich nehme kaum wahr, wie der schmale Bogen des Mondes aufgeht oder die Sterne über den Nachthimmel schwimmen.

Es regnet, als Großmutter Kapella zu Mutter bringt. Sie seufzt und stöhnt und klagt vor Trauer. Alle Mütter meiner Sippe fallen in das Wehklagen ein. Es klingt wie kein anderer Gesang – hoch und erbittert und voller Sehnsucht.

Ihre Stimmen beißen mir ins Herz und lassen mich keuchend zurück. Ich möchte gegen irgendwas kämpfen. Mich auf etwas stürzen, meine Zähne in etwas versenken. Doch es ist nur Trauer da, Trauer, so kalt und geheimnisvoll wie die Tiefen des Meeres.

GESTOHLEN

Die Sonne geht auf und ich merke es kaum. Kapella ist gestorben, so wie viele andere Neugeborene vor ihr. Wir sind die stärksten Lebewesen der Meere, aber diese eine Sache, das Gebären, das andern so leicht gelingt, fällt uns sehr schwer.

Um mich herum singen die Mütter meiner Sippe ihren Trauergesang. Onkel Orion schwimmt treu wie immer direkt unter Mutter und hebt sie mit hoch, wenn er zum Luftholen aufsteigt. Kein trauriges Pfeifen von ihm, nur das: »Ich bin hier. Ich bin an deiner Seite.« Regelmäßig wie das Schieben und Ziehen des Meers.

Ich dagegen kriege keinen Laut heraus. Meine Gefühle stecken in mir fest wie Eis. Kapella sollte meine Schwester sein, meine immerwährende Gefährtin. Sie sollte es sein, mit der ich mein Leben lang wandern würde. Aquila wird irgendwann zu Tante Nova zurückkehren. Kapella sollte die sein, mit der ich alles teilen würde: das Wegfinden und das Jagen, die mageren Zeiten und die Festmähler, die endlos vielen Dinge, die ich lernen muss, genau wie die einsamen Entscheidungen, die ich treffen werden muss, und auch die stille Schönheit der kleinsten alltäglichen Dinge. Wie soll ich das alles schaffen – oder auch nur etwas davon – ohne sie?

Großmutter gibt eine lange, behutsame Erklärung ab: »... nicht unsere Schuld ... das Meer hat sich verändert ... Gifte fließen hinein ...«

Ich bin zu traurig, als dass mich Worte erreichen können. Ich treibe im Wasser und fühle nichts.

Als der letzte Stern verblasst ist, sagt Großmutter: »Es ist vorbei. Wir müssen sie loslassen.«

Da bricht wie ein plötzlicher Erdstoß die Wut aus mir raus. Ich kann nicht. Ich will meine Schwester nicht zum Meeresgrund sinken lassen. Nicht hier. Sie darf doch nicht ganz allein sein in dieser dunklen, kalten Gegend, wo Boote aller Art über ihren Körper hinwegdröhnen werden. Auf keinen Fall!

Ich tue etwas, das ich mir vor diesem Augenblick nie hätte vorstellen können. Ich drehe mich aus dem Kreis der Trauer und schwimme geradewegs auf Mutter zu, schließe die Augen, beiße die Zähne zusammen und krache mit dem Kopf voraus in sie hinein. Auf diese Weise löse ich Kapella von ihrem Rücken. Ich springe über Mutter hinweg und unter meine Schwester, hebe ihren leblosen Körper auf *meinen* Rücken und trage sie fort.

Ich verschließe mein Herz gegen die Schreie meiner Sippe. Gegen Tante Novas Empörung: »Dazu hast du kein Recht!« Gegen Aquilas Flehen: »Ich werde eine Schwester für dich sein, das verspreche ich dir. Ich versprech es!« Gegen Deneb, der Kapellas Namen ruft. Gegen Mutters wortloses Trauergewimmer. Und gegen Onkel Orions feste Stimme unter all den andern, mit der er wieder und wieder zu Mutter sagt: »Ich bin hier. Ich bin an deiner Seite.«

Ich nehme Tempo auf. In blinder Wut jage ich am Ufer der Insel entlang, rase an einer Bucht und einer Landzunge nach der andern vorbei. Ich weiche Felsspitzen aus. Die glatten bernsteinfarbenen Stängel des Seetangs sausen an meinen Flanken vorüber. Seehunde fliehen aus meinem Weg. Die Insel verschwindet zu einem Punkt.

Ich halte an und sauge bebend Luft ein. Unter mir liegt eine Felsbank. Dort ist es nicht dunkel und kalt. Hier könnte meine Schwester Licht erreichen und die Musik von Regen und Wind. Ich könnte sie loslassen. Ich *sollte* es tun. Aber ich werde es nicht. Ihr Körper liegt noch warm an meiner Haut. Sie ist so weich und zart und das Meer ist voller Zähne.

Ich schwimme weiter. Kapella reitet auf meinem Rücken, das Wasser drückt sie um meine Finne. Ihr Körper ist glatt und geschmeidig, in jeder Hinsicht perfekt, bis auf das Atmen. Als ich sie weitertrage, reißen die Tiefen des Meeres ihr gähnendes Maul unter uns auf. Ich weiche Unterwasserbergen aus und denke kein einziges Mal an Fressen oder daran, wie ich je wieder nach Hause finden werde.

Die Sonne steht an ihrem höchsten Punkt, als ich mich plötzlich vor der gefährlichsten Meerenge der Salischen See wiederfinde. Täuschende Meerenge nennen wir sie, seit Mutters jüngste Schwester Andromeda und die Cousins und Cousinen meiner Familie hier gestohlen wurden.

Ich hatte nicht vorgehabt, herzukommen. Nicht geplant, ausgerechnet in dem Moment einzutreffen, wenn das Schieben des Meers dem Ziehen Platz macht und das Wasser eine kurze Pause einlegt, so wie ein Tier zwischen einem Atemzug und dem nächsten. Es ist der perfekte Zeitpunkt, um den Weg durch die schnellste Strömung von allen zu wagen.

Die Täuschende Meerenge ist nicht lang, doch sie fließt zwischen steilen Felswänden hindurch. Eine spitz aufragende Insel steht dazwischen und darüber spannt sich eine Brücke von einer Klippe zur anderen. Unter Wasser ragen Felsnasen auf. Nur die tapfersten Lebewesen können an einem Ort mit solch einer Strömung leben.

Doch jetzt liegt das Wasser still vor mir. Ich fühle mich ganz ruhig und wie ein Blitz überkommt mich eine Gewissheit: Es ist richtig, dass ich mit meiner Schwester hier bin. Richtig, dass ich Kapella die Geschichte vom Mut unserer Mutter und den großen Taten von Onkel Orion und seinen Brüdern erzähle. Und am richtigsten fühlt es sich an, dass sie in Ehren neben den Helden unserer Sippe ruhen soll.

Ich hole tief Luft und schwimme vorsichtig durch die Meerenge. »Hier wurde eine große Schlacht geschlagen«, erzähle ich meiner Schwester. »Damals, in den harten Tagen, als Großmutter und Onkel Orion jung waren und unsere Mutter noch ein kleines Etwas, fast so winzig wie du. Damals, als Menschen in Netzbooten uns ihre Eisenzähne in die Flanken feuerten. Als Junge aus dem Meer gestohlen und fortgebracht wurden.«

Ich schwimme in die Stille einer Bucht jenseits der Täuschenden Meerenge und erzähle Kapella die Geschichte so, wie sie einst mir erzählt wurde: »Drei Fangboote verfolgten an diesem Tag Großmutter, Onkel Orion, Mutter und die anderen. Und ein riesiges Donnerwesen flog über ihnen. Sie jagten unsere Familie durch einen Durchlass hin und durch einen anderen wieder zurück.

Schließlich fasste Großmutter einen verzweifelten Plan. Sie brachte ihre Familie hierher, zu diesem Durchlass, den wir damals nur die Enge nannten. Sie wusste, dass die Menschen die Jungen wollten, deshalb teilte sie ihre Familie auf.

Großmutter führte die größere Gruppe. Ihre Brüder bildeten die kleinere Gruppe und nahmen alle Neugeborenen und Jungen mit. Sie tauchten tief hinab, hielten die Luft an, bis sie fast platzten, schwammen an den Felsspitzen unter Wasser vorbei und in die Bucht. Dann wandten sie sich warmwärts, wo die Menschen sie hoffentlich nicht finden würden.

Es funktionierte. Alle drei Boote folgten Großmutter, die ihre Gruppe kaltwärts geführt hatte. Onkel Orion und seine Brüder hielten die Jungen eng zusammen und waren ganz still. Aber dann fand sie das Flugwesen doch und die Boote der Jäger drehten um. Die Kleinen waren schon erschöpft, als die Netze herabfielen. Onkel Orion und seine Brüder kämpften mit aller Kraft. Die Menschen in ihren Booten hielten mit ihren Eisenkrallen und Seilen dagegen. Die Schlacht wütete bis zum Sonnenuntergang und das Wasser der Bucht wurde rot von unserem Blut.

Onkel Orion riss ein Loch in eines der Netze und mit der Hilfe seiner Brüder befreite er Tante Nova. Dann holte er auch Mutter. Dabei wurde er von einem Bootshaken getroffen und aufgeschlitzt, doch er gab nicht auf. Er brachte Mutter in Sicherheit, während die Menschen Andromeda und ihre Cousins und Cousinen in Schlingen fingen und aus dem Wasser holten. Sie wurden nie mehr gesehen oder gehört, weder in der Salischen See noch irgendwo draußen im offenen Ozean. Onkel Orions Brüder dagegen starben an diesem Tag und ihre Leichen ruhen auf dem sandigen

Grund des Ortes, den wir die Blutbucht nennen. Mutter und Tante Nova waren die einzigen Jungen, die überlebten.«

Ich mache eine Pause, schließe die Augen und stoße ein schwermütiges *Tschaaaah* aus dem Blasloch. Es ist viele Fangzeiten her, dass ich mit Großmutter hier war, doch ich erinnere mich an die Form des Ufers. Mein Ziel liegt vor mir. Ich schwimme jetzt langsamer, Kapella fühlt sich schwerer an. Das Gewicht der Zeit, die wir nie zusammen verbringen werden, drückt mich nieder. Eine Schwester zu haben, ist ein Lebensbund. Ich werde den Schmerz über ihren Verlust mit jeder Fangzeit neu spüren. Aber heute will ich tapfer sein. Für sie.

»Ich bringe dich dorthin, kleine Kapella«, sage ich. »In die Blutbucht. Ich werde dich neben die Knochen der Onkel legen, die unsere Mutter damals gerettet haben. Du wirst nicht allein sein.«

Ich schwimme langsam, vorsichtig. Ich schaukle Kapella sanft und singe für sie. Es ist nicht falsch, es kann nicht falsch sein, meine Schwester an diesen Ort zu bringen und ihr die Geschichte zu erzählen. Es ist ihr Geburtsrecht. Denn sie *hat* gelebt, ihr Herz *hat* geschlagen, wenn auch nur für einen Moment.

BLUTBUCHT

Als mir Großmutter das erste Mal vom Kampf in der Blutbucht erzählte, konnte ich tagelang nicht schlafen. Ich schwamm die Inseln entlang, hin und her auf der Jagd nach Menschen in ihren kleinen Libellenbooten, wollte sie umstoßen und ihre Jungen stehlen.

Mutter und Großmutter blieben in diesen Tagen der Wut ständig an meiner Seite. Sie schimpften nicht mit mir, sondern zeigten mir ihre eigene Wut. Zusammen warfen wir unsere Körper durch die Haut des Meers. Wir zerfetzten riesige Seetangstängel und schrien all die Namen der uns gestohlenen Familienmitglieder.

Ich stellte mir vor, wie es wohl wäre, ein Libellenboot zu zerstören. Ich überlegte genau, wie ich den kleinsten der Menschen zwischen die Zähne nehmen und unter Wasser halten würde, mit seinem Blasloch nach unten. Wie ich ihn schütteln und gegen die Felsen schmettern würde, bis ihm der Mittelknochen bräche und er sich nicht mehr bewegte. Ich wählte die Höhle aus, in die ich ihn bringen würde, auf dass all die augenlosen Wesen am Meeresboden mit ihren Zähnen ihn fräßen. Ich träumte von dem Tag, an dem die Höhle voll mit Menschenknochen wäre.

Wir schwammen auch die Küste entlang, wo die Menschen hinkommen, um uns zu beobachten, wo sie an den Hängen sitzen und auf den Felsen hocken, ganz nah am Wasser.

»Wissen sie, dass ich sie dort wegschnappen könnte?«, fragte ich.

»Schwer zu sagen, was Menschen wissen«, antwortete meine Mutter.

»Sie wissen, wie man uns jagt«, sagte ich.

Es war mir egal, wie lange die Schlacht her war. Es fühlte sich an, als wenn es erst gerade passiert wäre. Ich schwamm auf und ab vor den Menschen auf den Felsen, auf und ab, und sie winkten und riefen. Ich hätte mir einen schnappen können. Locker.

Großmutter schwamm direkt neben mir, ihr Flipper streifte meine Haut. Und ihr gleichmäßiger Atem erinnerte mich daran, weiterzuatmen.

»Sie sind klein«, sagte Großmutter.

Das stimmt. Menschen haben kaum einen Fetzen Muskeln oder Fett an sich. Kein Wunder, dass sie weder schwimmen noch fliegen können.

Mir fiel eine Gruppe von Menschen auf, die zusammenstand. Zwei waren klein und drei winzig. Ich schwamm direkt auf sie zu. Einer der größeren Menschen hielt die Winzlinge an ihren Greifern. Der kleinste von allen wurde in die langen Flipper des größten gehoben, beinahe so, als wollten sie ihn beschützen. Sie zirpten leise miteinander.

»Die haben gar keine Familien«, sagte ich zu Großmutter. »Wie auch, wenn sie so grausam sind?«

Einer der Winzlinge zeigte mit seinem Greifer auf mich. Er gurrte wie ein Vogel. Ein anderer Winzling flatterte und quiekte. Der größere Mensch hielt die zwei fest. Ich sah sie direkt an und sie sahen mich an.

»Die Wegfinderinnen sind sich nicht einig, ob Menschen Familien bilden«, sagte Großmutter. »Vielleicht tun sie es doch?«

Ich schwamm in tieferes Wasser und dachte lange nach. Als ich zu den Felsen zurückkehrte, waren einige der Menschen gegangen, aber die Gruppe direkt am Ufer stand immer noch da. Sie schnatterten weiter miteinander. Und sie fraßen. Der größere Mensch gab einem der Winzlinge etwas Braunes und Flaches. Der brach das Stück in zwei Teile und reichte einen davon dem anderen Winzling. Sie schoben das braune Ding in ihr Maul, obwohl es weder nass noch glänzend oder fett war und auch nicht zuckte. Es war eindeutig: Diese Menschen verstanden nichts von gutem Fressen. Darum waren sie sicher auch so klein und mager. Aber sie teilten! Obwohl sie nur wenig Fressen hatten, teilten sie, genauso wie wir.

Ich schwamm fort. Immer noch wütend. Immer noch traurig. Aber nicht mehr so hungrig auf Rache.

Kapella ist auf der Reise durch die Salische See steif geworden. Sie ist nicht schwer. Ich könnte sie mein ganzes Leben lang tragen. Aber die Kälte ihrer Haut, ihr Schweigen – das würde mich fertigmachen. Wir schwimmen in die Blutbucht hinein. Die Knochen der Helden unserer Familie liegen unter uns. Ich sollte Kapella loslassen. Deshalb bin ich doch hergekommen. Und trotzdem tut mein Herz kein bisschen weniger weh.

Am Ufer erspähe ich eine Menschin, die Seite an Seite mit einem kleineren Menschen geht. Sie halten sich an ihren Greifern. Das Ziehen des Meers wird wieder stärker. Muscheln verschwinden im Sand und Schlick, Seepocken fahren die gefiederte Zunge in ihre Schalen ein und Seeanemonen schließen die Blüte ihrer Tentakel.

Da, wo das zurückweichende Wasser einen Streifen Land freigelegt hat, kniet der kleinere Mensch sich hin, hebt ein paar Muschelschalen auf und schaufelt Sand. Die Menschin sieht mich, doch anders als die meisten ihrer Art winkt und ruft sie nicht. Auch ihrem Jungen zeigt sie mich nicht. Sie geht langsam, ihr Haar weht wie Algenwedel um ihren Kopf und sie hält ihre Flipper um eine Wölbung in ihrer Mitte. Menschen gibt es in allen möglichen Größen und allen Farben von blassestem Sand bis zu tiefster Nacht. Aber ich habe noch nie von Nahem einen Menschen mit so einer Wölbung in der Körpermitte gesehen. Ich verweile an der Wasseroberfläche und beobachte sie.

Die Menschin summt. Ich habe immer geglaubt, dass Menschen Eier legen, so wie die Vögel, die an Land fliegen, um ihre Jungen zu kriegen. Doch diese Menschin hat eindeutig einen runden Bauch, wie

Mutter ihn hatte vor der Geburt von Kapella. Die Menschin bleibt stehen. Sieht mich an. Mich und meine Schwester. Sie legt einen Greifer an ihre Kehle. Dann geht sie langsam ins Wasser und bleibt erst stehen, als es ihre Wölbung erreicht. Menschen wandern nicht ohne Boot im Meer. Sie haben nicht genug Fett und halten die Kälte nicht aus. Aber diese Menschin hält sie aus.

Nur ein paar Körperlängen Wasser liegen zwischen uns. Wasser und Kummer. Ich weiß, dass das Meer sich verändert, ich schmecke die Gifte. Und ich weiß, sie sind schwer für ein Junges zu ertragen. Aber schaden sie auch Menschenbabys? Vielleicht ja nicht. Die Gifte treten aus Menschendingen aus und fließen aus Menschenorten ins Meer. Und es gibt viel mehr Menschen als Orcas. Trotzdem wundere ich mich.

»Was das Wasser berührt, berührt uns alle«, sagt Mutter immer, wenn etwas Verwirrendes passiert. »Achte auf das Wasser. Schau nicht weg vor dem, was du nicht verstehst. Manchmal passiert es in der Kürze eines Herzschlags und manchmal erst in vielen Fangzeiten, aber was das Wasser berührt, berührt uns alle.«

Onkel Orion ist nicht so gesprächig und nicht so klug. Er sagt nur: »Ich bin an deiner Seite, ich werde da sein.«

Zu meiner Überraschung sind es seine Worte, die diesmal meinen Weg bestimmen. Vielleicht gibt es nichts Wichtigeres, als neben denen zu schwimmen, die du liebst, und ihnen mit deiner Kraft und Stärke zu helfen. Ich sollte zu meiner Familie zurückkehren und meine Ängste ertragen, so gut es geht. Wenigstens werde ich dann nicht allein sein.

Deshalb sage ich am Ende nichts und wahrscheinlich versteht die Menschin auch nichts. Wir verbringen nur ein paar Herzschläge unserer langen Leben damit, uns über das Wasser hin anzusehen. Und dann wenden wir uns ab, nicht mehr ganz dieselben Wesen, die wir vorher waren.

Ich schwimme zu den Knochen unserer Helden und lege meine Schwester sanft bei ihnen ab. Ihre hohen Rippenknochen stehen für immer und ewig Wache für Kapella.

FOLGEN

Ich sehe meine Schwester mit Kapella davonschwimmen. Ich könnte sie aufhalten. Ich sollte Kapella zurückbringen. Doch ich bin der einzige Sohn meiner Mutter. Ich sollte auch bei ihr bleiben und Wache halten. Der Gedanke an all das, was ich tun sollte, presst mir die Luft aus dem Leib. Ich hebe den Kopf in den trüben Nebel des Morgens und schnaufe.

Meine Onkel gleiten unter Mutter und Großmutter und stupsen sie aufwärts, damit sie atmen. Dann schwimmt Onkel Orion, der Älteste von ihnen, von den anderen fort in die Richtung, in die Wega verschwunden ist. Er sendet ihr seinen mächtigsten Klickschwall hinterher. Er ruft ihren Namen, schaut übers Wasser und taucht erneut unter, um wieder zu rufen. Er horcht.

Ich beobachte ihn und rufe und lausche ebenfalls.

Es kommt keine Antwort. Wie kann Wega das tun? Wegschwimmen – schon wieder! Wie kann sie das ausgerechnet jetzt tun? Ich nehme meinen Platz neben Onkel Orion ein. Wir sehen kleine und große Fische, Tintenfische und Krebse, Netzboote, Windboote und kreisende Adler. Doch keine Wega.

»Wo ist sie hin?«, flüstere ich.

»Warmwärts. An der Küste entlang«, antwortet Onkel Orion. »Spring. Schau, ob du sie aus der Luft sehen kannst.«

Mir war noch nie so wenig nach Springen zumute. Aber über Wasser sieht man oft Dinge, die unter Wasser durch all den Lärm verborgen bleiben. Ich schwimme in Kreisen nach unten, dann richte ich mich himmelwärts. Mit der ganzen Kraft meiner Flossen stoße ich mich ab und berste hinaus in die Luft. Über Wasser suche ich nach der schnellen Bewegung von Wegas Finne.

Nichts.

Ich springe erneut. Wieder nichts. Wega ist immer die, die mich davon abhält, hinter einem interessanten Fisch oder seltsamen Boot herzuschwimmen. Es fühlt sich falsch an, dass ausgerechnet sie nicht mehr da ist. So als wenn mir ein Flipper abgetrennt worden wäre.

Ich kehre zu meinem Onkel zurück. »Ich sollte losschwimmen und sie einholen. Ich sollte sie zurückbringen.«

»Sie muss nach Hause kommen«, sagt Onkel Orion. »Wir brauchen sie jetzt mehr denn je. Aber hör mir gut zu, Deneb: Wegfinderinnen folgen nie ihren Brüdern. Sie gehen den Weg, den ihnen ihr Herz und ihre Erinnerung zeigen.«

Meine Flossen klappen nach unten. Was, wenn Wega

nicht zurückkommen will? Vielleicht will sie Kapella ja mehr als mich.

Onkel Orion brummt nachdenklich. »Wie auch immer, du musst es versuchen. Eine Wegfinderin braucht einen Bruder an ihrer Seite.« Er reckt seinen breiten Flipper meinem kleinen entgegen. »Du musst ihr helfen, den Weg klar vor Augen zu sehen«, sagt er. »Dein Vertrauen wird sie stark machen. Deine Standhaftigkeit wird ihr helfen, den richtigen Weg zu wählen.«

»Und was, wenn ich sie gar nicht finde?«

Ich bin größer als zur letzten Fangzeit und viel größer als zu der Fangzeit davor. Doch das Meer ist so riesig wie der Himmel.

»Du bist das ganze Leben lang deiner Schwester gefolgt.

Du kennst sie. Es ist dein Herz, das Wega finden wird – auch wenn Nachdenken und all deine Kraft ebenso nötig sein werden.«

Ich höre noch immer den Kreis der Gefährtinnen, die ihren ergreifenden Abschiedsgesang singen.

»Wega wird dich zu uns zurückführen«, sagt Onkel Orion fest. »Vertrau ihr. Sie ist klüger, als sie denkt.«

Ich hole tief Luft und danach noch ein zweites Mal. Will er wirklich, dass ich alle verlasse? Fortschwimme? Ich bin doch immer nur andern gefolgt.

»Suchen ist nicht verlassen«, sagt Onkel Orion. »Suchen ist eine Art Folgen. Schwimm bis zum Ende der Insel, nicht weiter. Wenn Wega nicht dort ist, wird dich meine Stimme wieder zurückführen.«

Ich schaue zu den Gefährtinnen hinüber, die alle in ihre Trauer verstrickt sind. Ich stupse Onkel Orion ein letztes Mal an, stoße das tapferste *Tschaaaah* aus dem Blasloch, das ich schaffe. Und dann schwimme ich los.

Ich kämpfe gegen das morgendliche Ziehen des Meers. Es ist schwerer mit niemandem an meiner Seite, der mich beschützt. Ich schwinge den Kopf von einer Seite zur andern und sende einen Klickschwall zu den steilen Felswänden der Insel. Dünnes Seegras und seltsam aussehende Wesen leben am Grund der Unterwasserfelsen. Wega ist nicht da.

Ich erinnere mich an die flache Ebene bei dem blinkenden Licht, wo es keine Bäume am Ufer gibt. Es ist immer hell dort. Ich schlage die Richtung ein, schwimme jetzt schneller. Plötzlich ganz sicher, so wie es Onkel Orion vorhergesagt hat. Sicher, dass Wega einen Ort sucht, an dem sie Kapella zurücklassen kann. Keinen dunklen Ort. Nein, sie wird sie an einer hellen Stelle zurücklassen. Der Nebel lichtet sich, und die Sonne steht schon ein gutes Stück über den Bergen, als ich die warmwärtige Spitze der Insel erreiche.

»Wega!«, rufe ich. »Wega?« Ich sende einen Klickschwall nach dem andern, so laut ich kann, um irgendwo ihre Gestalt zu entdecken.

Überall, wo ich schaue, sind Seehunde. Sie schnüffeln den Boden entlang und schnappen die stacheligen kleinen

Fische weg, die sie so gerne fressen. Als ich vorbeikomme, strudeln sie aus meiner Bahn. Normalerweise würde ich mit ihnen Fangen spielen, aber jetzt muss ich suchen.

Ich mache mich wieder an meine Aufgabe. Doch Wega ist nirgendwo zu sehen. Ich war mir so sicher, dass sie hier sein würde! Inzwischen kann ich Onkel Orion kaum mehr hören. Wenn ich weiterschwimme – ohne seine Stimme, die mich führt –, werde ich den Weg nach Hause vielleicht nie mehr finden. Die Angst vor dem Alleinsein drückt mich nieder wie das Wasser der Tiefsee. Vor mir liegt eine weitere Meerenge, dahinter noch eine Insel und dahinter weitere. Ich werde sie alle absuchen.

Die Sonne steht ganz oben am Himmel und ich habe in jeden Meeresarm geschaut. Ich habe mehr gesehen, als ich benennen kann: Schnecken in allen Farben und Formen, einen Seestern mit diesen dünnen Spitzen, den schwimmenden Vogel mit dem schwarzen Schnabel und den roten Flossen und auch den watenden Vogel mit dem roten Schnabel und den schwarzen Flossen. Aber keine Wega. Nicht den kleinsten Hinweis auf sie. Egal, wie oft ich rufe, sie antwortet nicht.

Einen Moment lang ruhe ich in dem breiten Durchlass aus, der zu dem Gebiet der Kaltwärts-Sippe von Lachsfressern führt. Sie sind nicht wirklich Feinde. Aber ihre Verhaltensweisen sind seltsam, und niemand versteht sie, wenn sie reden.

Würde Wega in diese Richtung schwimmen? Würde sie ihre Heimatgewässer verlassen? Warmwärts würde sie zu vertrauteren Orten kommen. Aber am warmwärtigen Ende der Salischen See herrscht mehr Bootslärm. Ich warte darauf, dass mir mein Herz sagt, wo sie ist, so wie es Onkel Orion versprochen hat.

Nur eines ist sicher: Nie im Leben würde sie da vorn durch die Täuschende Meerenge schwimmen. Niemals. Düstere Geschichten werden darüber erzählt. Mutter hat nicht genau gesagt, was dort passiert ist, aber ich habe von den Zeiten der Jagd auf Orcas und von gestohlenen Jungen gehört.

Manchmal, wenn Mutter schläft, zittert ihr ganzer Körper und sie stöhnt. Großmutter stupst sie dann immer wach und sagt: »Es ist vorbei.«

Mutter schwimmt zu Onkel Orion, wenn sie die Albträume hat, und reibt ihr Kinn behutsam über die lange Narbe, die von seinem Flipper

hoch über den Rücken und wieder zurück zum Ansatz der Finne verläuft. Er ist der Mutigste von uns allen.

»Danke«, flüstert sie ihm dann zu. »Danke.«

Manchmal, wenn sie und Großmutter glauben, dass alle schlafen, kreisen sie hinab in die Tiefe, dorthin, wo ihre Stimmen weit tragen, und rufen nach Andromeda und all den gestohlenen Jungen. Und manchmal, wenn niemand zuhört, rufe auch ich ihre Namen, damit die Erinnerung an sie nicht verloren geht.

Wega würde niemals einen so traurigen Ort auswählen. Sie würde nach einem friedlichen Platz suchen. Einem Ort mit guten Erinnerungen. Ich male mir aus, dass Wega ein Stück vor mir schwimmt. Unterwegs zu einem Ort, der sicher und schön ist.

Kaltwärts, entscheide ich. Es gibt in der Nähe eine Insel mit Bäumen und ohne Menschen. Dort hat Wega mir, als ich so klein war wie jetzt Altair, zum ersten Mal gezeigt, wie man Lachse fängt. Die Erinnerung daran macht mich glücklich. Onkel Orion hat recht: Mein Herz wird mir den Weg weisen. Also schwimme ich nun durch den breiten Durchlass – endlich auf dem richtigen Weg.

RETTUNG

Auf dem Weg zur Bauminsel rufe ich Wegas Namen. Ich bin sicher, dass ich sie dort finden werde – an meinem Lieblingsort. Netzboote sind unterwegs, aber ich weiche ihnen aus. Ich tauche in eine Bucht, um einen Lastenträger vorbeizulassen. Ich höre das hohe Quieken der Schweinswale, die Tintenfische jagen.

Diese Meerenge ist nicht so tief wie die, wo sich meine Sippe sammelt. Ich kann leicht bis auf den Grund hinabschwimmen. An den vielen Felssäulen am Ufer erkenne ich, dass ich an der richtigen Insel bin. Ich rufe nach Wega. Ich umkreise die Insel.

Wega ist nicht da. Dabei war ich mir so sicher! Ich überdenke erneut meinen Plan, schaue über und unter Wasser. Die Stängel eines Algenwalds schwanken in der Strömung, und ich entdecke die Gestalt eines Orcas, der sich im Tang versteckt.

»Wega!« Ich stoße den schärfsten Pfiff aus, den ich schaffe. »WEGA!«

Sie antwortet nicht. Ich schwimme näher heran.

»Wega?«

Sie wirkt größer, als ich sie in Erinnerung habe, aber es ist schwer zu erkennen im wedelnden Tang. Ich schwimme zur Wasseroberfläche, um besser sehen zu können. Auch Wega schwimmt nach oben – und auf einmal erkenne ich meinen Irrtum. Eine hohe Finne bricht durch die Haut des Wassers, und ein heftiger Atemstoß erzeugt eine Fontäne, die nur von einem männlichen Orca, so groß wie Onkel Orion, stammen kann. Die Form der Finne aber habe ich noch nie gesehen. Dieser Orca stammt aus der Sippe der Seehundfresser – ein Fremder.

Schnell weiche ich zurück, schaue mich nach seiner Familie um, damit ich respektvoll Abstand halten kann. Ich sende meinen Klickschwall in alle Richtungen, aber kein weiterer Orca ist in der Nähe. Und dieser große hier benimmt sich sehr seltsam. Irgendetwas hat sich in seinen Flossen verfangen. Eine Schnur. Ihr Ende verschwindet zwischen den Felsen. Die Schnur ist gerade lang genug, dass er noch aufsteigen kann, um zu atmen. Aber er kann seiner Mutter und seinen Schwestern nicht folgen. Er ist allein.

»Hallo«, rufe ich und versuche, größer zu klingen, als ich bin. »Ich bin Deneb, Sohn von Arktura, aus der Warmwärts-Sippe der Großen Lachsfresser.«

Der fremde Orca sagt gar nichts.

Ich schwimme noch mal um die Bauminsel herum. Auch jetzt keine Wega. Dann lande ich wieder vor dem großen Orca. Mein Herz rast, nicht weil ich Angst habe – ich habe nie Angst! Doch festzusitzen, sich nicht rühren zu können, während das ganze Meer um einen herum sich bewegt, das muss das Schlimmste sein, was einem passieren kann. Ich sollte weiter nach Wega suchen, aber ich kann den gefangenen Orca doch nicht zurücklassen.

»Hallo«, sage ich wieder.

Der große Orca stößt ein merkwürdig klingendes Knurren aus, das alles Mögliche heißen kann.

Ich sende vorsichtig einen Klickschwall die Schnur entlang. Sie endet an einem Korb am Boden – einem Korb mit ein paar Krebsen drin. Der Korb hat sich in den Felsen verkeilt. Und das andere Ende der Schnur ist um die Fluke des Fremden geschlungen. Er hat sich bereits die Haut wund gerieben. Ich weiß nicht, ob ich ihn befreien kann. Ich weiß nur, ich muss es versuchen.

»Halt still«, sage ich.

Krebskörbe findet man manchmal im Meer. Großmutter weiß, wo sie leben, und hält uns von ihnen fern. Ich

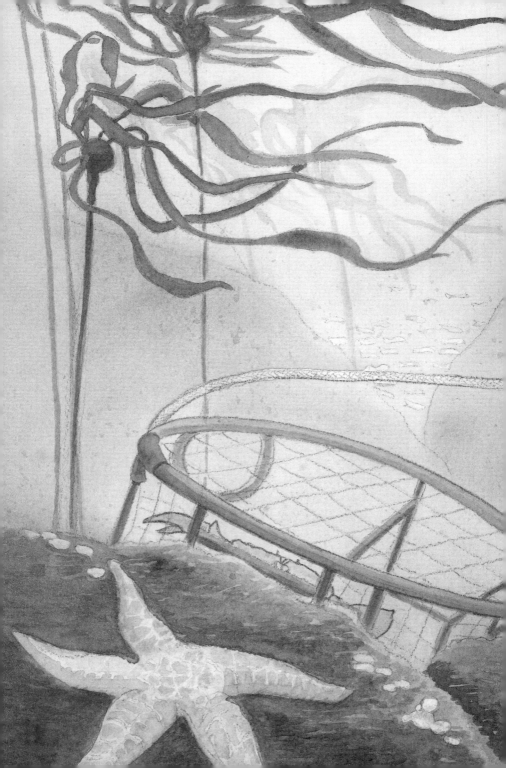

schwimme unter den Wal, dann um ihn herum und betrachte die Schnur von allen Seiten.

Mir ist klar, er hat sich verfangen, weil er keine Mutter und nicht mal eine Schwester bei sich hat, die ihm sagen können, wo Gefahren lauern.

»Bist du allein?«, frage ich.

Der Fremde antwortet mit einem zweifachen Knurren und einem seltsamen knisternden Laut. Die Sippe der Seehundfresser zählt nicht zu den redefreudigen. Er steigt an die Wasseroberfläche und holt erschöpft Luft.

»Hast du heute noch einen anderen allein schwimmenden Orca gesehen? Mit einem winzigen Neugeborenen?«

Der Fremde stöhnt nur und zieht an der Schnur.

»Hab ich mir schon gedacht«, murmele ich.

Großmutter hat mir gesagt, dass man auf Abstand zu den Seehundfressern bleiben soll, doch das ist mir egal. Ich kann jetzt nicht einfach davonschwimmen. Ich weiß allerdings auch nicht, was passieren wird, wenn ich den Fremden befreie. Wird er mir wehtun? Manchmal vertilgen die Seehundfresser sogar die Jungen der schaufelnden und schlingenden Wale. Ich bin nur ein kleines bisschen größer als so ein Waljunges.

Nein, sage ich mir entschieden. *Orcas fressen keine anderen Orcas.* Es gibt Regeln. Trotzdem halte ich mich von seinem Maul fern.

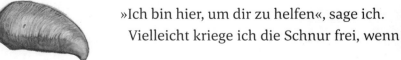

»Ich bin hier, um dir zu helfen«, sage ich.

Vielleicht kriege ich die Schnur frei, wenn

ich den Korb anhebe. Zwei Krebse im Innern wedeln sich mit ihren Scheren zu und schnappen sich Bissen von einem Fisch. Ich will weder mein Maul noch meine Zunge auch nur in die Nähe ihrer Kneifer bringen. Aber ich sehe keine andere Möglichkeit. Vielleicht hilft ein Stock? Ich mag Stöcke. Dinge ändern sich, wenn man etwas mit ihnen antippt. Seeanemonen schließen sich. Muscheln graben sich tiefer in den Sand. Kraken stoßen Tinte aus.

»Bin gleich zurück«, sage ich.

Ich bin schon fast halb um die Insel herum auf der Suche nach einem Stock, als ich das hohe Sirren eines kleinen Boots höre. Ich spähe aus dem Wasser und sehe ein orangefarbenes Wachboot mit zwei Menschen, die in Richtung des großen Orcas jagen. Das Boot stoppt keine drei Sprünge von dem Fremden entfernt. Die Menschen beobachten ihn, so wie es viele auf den Wachbooten tun. Sie müssen etwas vorhaben.

Ich habe so manches über die Jagd auf Orcas gehört. Onkel Orion hat mutig Mutter und Tante Nova gerettet – und als Einziger von seinen Brüdern überlebt. Die verwegene Narbe, die er auf dem Rücken hat, ist eine Erinnerung an diesen Tag. Er spricht nie von der Rettungsaktion. Doch ich stelle mir immer wieder vor, was damals passiert ist. Die Schlacht, die Gefahr und den Ruhm am Ende.

Ich könnte ein Retter sein wie er. Ich habe mich schon tapfer durch finstere Seegraswiesen gekämpft und Treibstämme aus den Fängen einer felsigen Bucht geborgen. Einmal habe ich mit einem großen Kraken gerungen und überlebt. Und hier ist nun meine Chance. Sie wollen den Fremden fangen! Direkt vor mir! Ich lauere unter dem Boot und plane seine Befreiung.

»Verletz keine Menschen«, hat mir Großmutter mehr als einmal gesagt. »Egal, was sie tun, fass sie nicht an!«

Aber wie soll ich den fremden Orca retten, ohne die Menschen zu berühren? Es ist ein Rätsel für echte Helden. Ich sehe den Schatten eines langen, schmalen Flippers, der nach dem gefangenen Orca greift. Der Orca weicht aus, doch die Schnur hält ihn fest.

Ein großes Platschen, entscheide ich. Jeder weiß, dass Menschen Wasser hassen. Sie schreien wie Möwen, wenn man sie nass spritzt. Selbst wenn sie absichtlich ins Wasser springen, schreien sie, flattern und schlagen wild um sich, so wie ein Einsiedlerkrebs, wenn er ganz aus seiner Schale heraus ist. Ja, genau, ein riesiges Platschen! Nur das kann helfen.

Ich kreise tiefer hinab, drehe mich um und jage mit hohem Tempo in die Richtung des orangefarbenen Boots. Ich richte den Sprung so aus, dass ich direkt vor dem Boot aus dem Wasser tauche, wölbe den Rücken, gebe noch einmal Schub und schieße in die Luft. Dann klatsche ich zurück und ein riesiger Wasserschwall stürzt auf das Boot herab.

Ich komme noch einmal hoch, um zu sehen, wie die Menschen aufgeben. Doch sie ziehen sich nicht zurück. Einer von ihnen fasst erneut nach dem Fremden, mit einer scharfen Kralle in seinen Greifern. Eindeutig Diebe! Und das nach all den Jahren!

»Ich werde dich retten!«, rufe ich.

Ich schlucke Wasser, hebe den Kopf in die Luft und lege die Flipper flach auf die Oberfläche. Der Mensch hält die Schnur in einem seiner Greifer und sägt an ihr mit der Kralle herum. Ich ziele und spucke dem Menschen einen Wasserstrahl voll ins Gesicht.

Er schreit, schüttelt sich – und macht sofort weiter damit, den Fremden zu bedrohen. Dieses Monster!

»Keine Panik!«, rufe ich dem Orca zu, der offenbar erstarrt ist vor Angst und zulässt, dass ihn der Mensch straflos berührt. »Ich werde nicht aufgeben! Das versprech ich dir.«

- Wenn ich nur einen guten Stock oder einen großen Kraken zum Werfen hätte! Selbst ein mittelgroßer Krake würde

etwas nützen. Ich schwimme wieder unter das Boot. Höre das Geräusch der Kralle von oben. Jetzt oder nie! Und schon ziele ich auf den Rand des Boots und stoße steil nach oben. Das Boot ist weich wie eine Qualle. Ich hebe es hoch und kippe es in der Luft um. Beide Menschen schreien wie Raben. Gegenstände klappern und fallen ins Wasser. Auch die Menschen platschen hinein.

Anders als sonst flattern diese jedoch nicht mit ihren Flippern. Der mit der Kralle hält sich an dem Seil fest und gibt ihm einen heftigen Schlag. Mein Herz pocht.

»Aufhören!«, rufe ich. »Er tut euch nichts! Niemand von uns hat euch je verletzt!« Ich spritze eine wütende Fontäne von Wasserblasen unter den Menschen.

Und dann, ganz plötzlich, horcht der Mensch. Gleichzeitig wickelt sich die Schnur von der Fluke des Fremden, fällt ab und hinterlässt einen Kranz wunder Haut. Der Mensch nimmt seine Kralle und klettert zurück ins Boot. Sie drehen um, starten den Knurrer ... und ehe ich sie vertreiben kann, jagen sie schon davon. Es ist unglaublich!

»Ich hab es geschafft! Ich hab dich gerettet!« Ich schwimme im Kreis, schlage mit dem Schwanz auf die Haut des Wassers und lasse das Dröhnen des Aufpralls durchs Meer hallen. »Ich hab es geschafft! Ich hab es geschafft!«

Der Fremde wirbelt durchs Wasser und schießt vor Erleichterung und Dankbarkeit hoch in die Luft. Er kreist zu mir zurück, stößt einen einzelnen langen Pfiff aus – und dann schwimmt er fort.

Die Seehundfresser-Familien sind ein seltsamer Haufen, das sagen alle. Trotzdem bin ich traurig, als er davongleitet. Es ist einsam, so ganz allein zu sein. An die Kreuzung zweier Strömungen zu kommen und keine Mutter oder Schwester zu haben, die entscheidet, in welche Richtung man soll. Das Meer ist größer und wilder, als ich es mir jemals vorgestellt habe. Ich habe Angst, dass ich Mutter und Großmutter niemals wiederfinde, wenn ich weiter kaltwärts wandere, fort von ihnen.

Wega würde nicht so weit schwimmen. Nicht wahr? Nein. Ich habe sie irgendwie verpasst. Ich werde umkehren und weitersuchen.

LANGBOOTE

Obwohl ich meine Schwester losgelassen habe, fühlt mein Körper sich schwer an, als ich aus der Blutbucht herausschwimme. Kapella zurückzulassen ist wie sich einen Haken aus dem Fleisch zu reißen. Ich werde nie mehr dieselbe sein. Ich will zu meiner Mutter. Will zu ihr so wie damals, als ich ein Baby war.

Ich mache mich auf den Weg zurück zur Täuschenden Meerenge. Es geht leichter ohne Kapella, aber es fühlt sich falsch an, allein zu schwimmen. Nicht beängstigend, jedenfalls nicht wirklich. Die einzigen Meeresgeschöpfe, die größer als ich sind, haben keine Zähne. Trotzdem ist es nervenzehrend, ohne meine Familie neben mir zu schwimmen. Ein paar schnelle Boote zischen vorbei, solche, die Schnüre mit

einem Haken am Ende
haben, um Fische zu töten.
Ich weiche aus, halte mich von ihnen fern. Schwimme im Zickzack. Tauche.
Es macht müde. Ich wünschte, es wäre Nacht und
die Boote würden alle verschwinden. Aber dann höre ich
ein anderes Geräusch, einen sanfteren Klang. Ich stoppe
und versuche, mich zu erinnern.

Kann das sein? Sind die Langboot-Reiter wieder unterwegs? Ich horche noch einmal auf das Klatschen und Strudeln, das so sehr wie das Geräusch klingt, das Schwimmvögel machen. Jedes Langboot hat vorn einen Schnabel wie ein Rabe. Ich schieße hoch, um zu schauen. Und da sind sie tatsächlich, die Langboot-Reiter – ganz viele! Sie bewegen sich in einer Reihe, so wie Gänse am Himmel. Sie versammeln sich in jeder Lachs-Fangzeit, genau wie meine eigene Sippe.

Die alten Geschichten erzählen von einer Zeit, in der alle Boote so leise waren wie diese. Damals bluteten sie noch kein Gift ins Meer. Niemand versuchte, Orcas zu fangen. Und die Lachse wurden so dick und stark, dass kein Orca, egal aus welcher Sippe, Hunger kannte. Es gab so viel Fisch, dass die Flüsse in der Sommersonne silbern leuchteten.

Großmutter kennt Geschichten aus der Zeit, als sie noch ein Junges war. »Die Langboot-Reiter waren die Verteidiger der Muscheln«, hat sie erzählt. »Sie bauten Nester für Muscheln an der Küste und Fallen für den Lachs. Wir hatten eine feste Regelung mit ihnen: Sie jagten den Lachs in den Flüssen und Buchten und wir jagten ihn im Meer.«

Warum wurde ich nicht damals geboren, als das Meer stiller war und sein Wasser sauber schmeckte? In einer Zeit, in der ich viele Schwestern gehabt hätte? Ich schwimme in die Nähe der Langboote. Zwei von ihnen sind ungefähr so groß wie ich, eines ist größer. Viele Menschen reiten auf

ihnen und tauchen ihre schmalen Flossen gleichzeitig ins Wasser, als wären sie eins.

Großmutter begrüßt sie immer als Verwandte, deshalb rufe auch ich meinen Namen: »Ich bin Wega, Tochter von Arktura, Enkelin von Siria aus der Warmwärts-Sippe der Großen Lachsfresser.«

Sie rufen zurück. Sie brüllen nicht oder klicken mit Lichtern – es sind bloß leise Laute und eine ausgestreckte Flosse. Ich schwimme seitlich von ihnen, als wenn sie meine Familie wären, bis sie umkehren und an der Mündung eines Flusses an Land gehen.

Ich schwimme in den Zugang zur Täuschenden Meerenge. Das Ziehen wirkt jetzt mit voller Kraft. Schon von Weitem höre ich das Rauschen des Wassers durch den schmalen Durchlass, wo die Insel mit den hohen, steilen Felswänden und der Brücke aufragt. Die Kraft des Meers reißt mich weiter vorwärts, doch ich verharre an einer flacheren Stelle in

Ufernähe und schaue voraus. Nicht ein Boot ist zu sehen, das gegen das Ziehen in der Meerenge ankämpft, nur das leise Dröhnen von Landbooten auf der Brücke hoch oben ist zu hören.

In der Ferne sehe ich die Gestalt eines Orcas. Es ist ein großer. Onkel Orion! Voller Freude sende ich einen Klickschwall. Das Echo eines kleineren Orcas, der dem größeren folgt, prallt zu mir zurück.

»Deneb!«, rufe ich. »Onkel Orion!« Wer sollte es sonst sein? »Ich bin hier! Ich komme nach Hause!«

Ein großes Verlangen, meine Familie zu sehen, sie zu berühren, ihre Stimmen zu hören, steigt in mir auf. So lange war ich noch nie in meinem Leben von ihnen fort. Ich schwimme, so schnell ich kann.

Gerade habe ich die schmalste Stelle der Täuschenden Meerenge erreicht, als von überall um mich herum ein dröhnendes RUMS widerhallt, so laut, dass mich die bloße Wucht des Lärms nach oben drückt. Der Grund des Meers ruckt hin und her.

RUMS! KNALL! KRACH!

Fels knirscht gegen Fels. Das ganze Meer verdunkelt sich vor Gedröhn. Es presst gegen meinen Körper, als ob ich so weit unten wäre, dass mich kein Licht mehr erreicht.

KRACH! RUMS! KNIRSCH!, rollt es aus der Tiefe herauf.
Es pocht in meinen Ohren. Die Insel schwankt. Die Brücke oben knarrt. Ein Landboot und ein Stück von der Brücke stürzen ins Wasser und versperren eine Seite des Durchlasses.

Ich keuche in Panik. Atme so viel Luft ein, wie mein Körper halten kann, und stürze mich in die Drift. Mein Körper schlägt auf den Meeresboden.

SEEBEBEN

Der erste Stoß trifft mich wie ein Donner.
RUMS! KNALL! KNACK!
Alles verschwimmt.
KRACH! WUMM!
Der Meeresboden bebt. Riesige Felsbrocken stürzen von den Klippen herab.
Der Fremde ruft nach mir in diesem Chaos. »Tief!«, ruft er klar und deutlich. »Tauch hinab!«
Dann dreht er sich um und schwimmt in Richtung des offenen Ozeans, so schnell er kann.
Ich jage ihm hinterher, an seine Seite.
Ich weiß nicht, ob mich sein Schwimmschatten schützen wird. Ich hoffe nur. Und gebe mein Letztes, um mitzuhalten.
Der Sand und die Steine des Meeresbodens – alles ist in

Bewegung. Wir schwimmen über der Wolke aus schlammigem Wasser, die aus der Tiefe aufsteigt. Fische hängen erstarrt in der Strömung, rühren sich nicht. Doch der Fremde und ich jagen weiter.

Eine Gruppe von Schweinswalen schießt vorbei. »Tief!«, zirpen sie. »Tief! Tief!« Ich habe Schweinswale bisher nie verstehen können.

Die Täuschende Meerenge taucht vor uns auf. Die Berge zu beiden Seiten erzittern heftig. Landboote stürzen von der Brücke und sogar ein Teil der Brücke bricht ab und kracht ins Wasser.

»Wega!«, schreie ich und klatsche zurück in die aufgewühlte See.

Wie soll ich dich jetzt jemals finden?

TÄUSCHENDE MEERENGE

Ich kann nicht glauben, was ich sehe. Ein weiteres Stück der Brücke stürzt ins Wasser und Landboote fallen hinterher. Der Sog des Aufpralls wirft mich umher. Ich versuche, mich wieder zu fangen.

Und ich glaube, in dem lärmenden Chaos meinen Namen zu hören.

»Deneb!«, rufe ich.

Es *muss* mein Bruder sein. Wer sonst wäre so dumm, mir zu folgen?

Sandwolken steigen vom stöhnenden Grund auf. Weiter vorn sehe ich eine Familie von Schweinswalen, die ein Tier hinter dem andern springen und in Richtung des offenen Ozeans jagen.

»Wenn die Erde bebt«, hat Großmutter gesagt, »ist das offene Meer eine Zuflucht.«

»Deneb!«, schreie ich wieder.

Ich kann ihn doch nicht zurücklassen. Wie soll er wissen, welchen Weg er nehmen muss? Ich springe, so hoch ich kann, und schaue über das Wasser. Wo ist er? Habe ich mir seine Stimme nur eingebildet?

Ja, Deneb wird bei Onkel Orion sein und der wird bei Mutter und Großmutter sein, und die werden die ganze Familie hinaus ins offene Meer führen, dorthin, wo es sicher ist. Ich muss sie nur einholen. Das Wasser schäumt mit der Wucht von hundert Winterstürmen. Ich drehe in Richtung Ozean ab und schwimme mit aller Kraft – lärmblind, aber ich vertraue meinem Gedächtnis. Ich werde meine Familie finden.

WELLEN

Das Beben endet in dem Moment, als ich die Täuschende Meerenge hinter mir lasse. Der Lärm hört auf. Auch ich höre auf zu schwimmen. Hole Luft, noch mal und noch mal. Die Stille, die dem Beben folgt, ist fast genauso beängstigend wie der Lärm. Ich sende einen Klickschwall durch das aufgewühlte Wasser, um mich zu orientieren. Der offene Ozean liegt direkt vor mir, noch eine komplette Tagesreise entfernt. Eine Schauflerin mit ihrem Jungen jagt an mir vorbei. Ich wusste nicht, dass diese Wale so schnell schwimmen können!

Sie singen: »Tief, tief.«

Ein Orca-Wort, so klar wie das Licht der Sonne. Sie schwimmen dem offenen Meer zu. Fische hängen benommen im Wasser herum und rühren sich nicht.

»Deneb!«, rufe ich. »Mutter!«

Was habe ich getan? Ich bin fort und habe meine Familie zurückgelassen. Schon wieder! Ich war so sicher, dass sie auf mich warten. Aber was, wenn ich sie nun nie mehr finde?

Ein weiterer Wal schießt vorüber. Ein singender Wal. Auch er ruft: »Tief, tief.« In Orca-Sprache. Genau wie die Schaufler.

Ich folge dem singenden Wal. Gewöhnlich sind sie schreckliche Trödler. Umkreisen faul irgendwelche Fischwolken. Schwimmen hinein mit weit offenem Maul.

Doch dieser Wal hat das Maul geschlossen und die Flipper eng an den Körper gelegt. Er schlägt mit seinem gigantischen Schwanz und sein Sog zieht mich mit. Losgerissene Krebskörbe prallen an seinen Flanken ab und wirbeln davon.

Ich sehe schwache Schatten im Wasser: Schweinswale, wieder eine Schauflerin mit ihrem Jungen ... oder ist es Deneb? Könnten es Aquila und der kleine Altair sein?

Ich rufe ihre Namen, aber alles, was von den Wesen im Meer, die sich verständigen können, zurückkommt, ist: »Tief, tief! Schwimm tief!«

Das Ziehen des Meers fühlt sich stärker an als vorher. Ein neues Geräusch dringt vom Meeresboden herauf. Ein Kollern, nicht wie das Bersten massiver Felsen, sondern wie das Rollen von Steinen. Der singende Wal schwenkt zur Seite, um einem Netzboot auszuweichen.

Als wir vorbeischwimmen, löst sich das Netz und ergießt seinen ganzen Lachsfang ins Meer. Ich schnappe mir einen Lachs und schlucke ihn runter. Das Netzboot dreht dröhnend dem offenen Meer zu.

Das Geräusch rollender Steine wächst an und mit ihm das Ziehen des Meers. Ich habe noch nie ein so starkes Ziehen erlebt, nicht mal in den schlimmsten Winterstürmen. Das Ziehen reißt mich mit und ich schwimme schneller als jemals in meinem ganzen Leben. Als ich durch die Haut des Wassers stoße, um Luft zu holen, staune ich, dass ich bereits die Hälfte der Strecke ins offene Meer geschafft habe.

»Tief, tief!« Der trommelnde Gesang erreicht mich von allen Seiten.

Doch ich stoppe und halte nach meiner Familie Ausschau. Ich weiß, dass der Ruf zu den Tieren gehört, die etwas mit meiner Sippe gemeinsam haben, etwas Kluges, aber lange Verschollenes. Den Willen zu überleben. Doch nicht bloß den Willen – den hat auch jeder Krebs und jede Qualle. Sondern einen Willen, mit dem sich die Richtung finden lässt. Egal wie verschieden die anderen Wale sein mögen, in diesem Punkt sind sie meine Familie. Ich singe mit ihnen, »Tief, tief«, während wir alle dem offenen Meer entgegenstreben.

Und dann höre ich in dem ganzen chaotischen Lärm eine vertraute Stimme, die genauso singt wie ich.

»Deneb!«, rufe ich.

Ich sende einen Klickschwall, dicht und stark, in die Richtung der Stimme. Ein Echo kehrt zurück – ein bruderkleiner Orca und ein großer. Deneb! Onkel Orion! Ich drehe mich quer zur Strömung und kämpfe gegen sie an, um zu ihnen zu kommen. Das Ziehen des Meers erfasst mich wie ein heulender Sturm, so ein Sturm, der Boote umstürzt. Ich beiße die Zähne zusammen und schwimme mit aller Kraft dagegen an.

»Deneb!«, rufe ich.

»Wega!«, schreit Deneb zurück. »Ich hab dich gefunden!«

Ich erreiche die beiden und gleite erleichtert in Onkel Orions Schwimmschatten. Ich murmele ein Danke und wir

jagen zusammen weiter. Irgendetwas kommt auf uns zu. Ich spüre es wie die Erinnerung an einen Albtraum. Eine Gefahr jagt uns hinaus ins offene Meer – und eine zweite stürmt genau von dort auf uns zu, wo wir sicher sind. Aber wie kann das stimmen?

Großmutter hat gesagt: »Tiefes Wasser ist eine Zuflucht.« Großmutter würde niemals lügen. Kann es sein, dass sie sich irrt?

»Onkel Orion!«, rufe ich. »Wie weit müssen wir?«

Er antwortet nicht.

»Orion!«

Ich schaue ihn an. Am Rand seiner Fluke erkenne ich eine Scharte, die ich noch nie gesehen habe.

»Onkel?«

»Mach dir keine Sorgen«, sagt Deneb. »Das ist mein ... mein ... Nicht-Cousin.«

»Dein Nicht-Cousin?«

»Ich mag ihn.«

Es gibt kein Wort für einen Orca, den man mag, der aber nicht zu deiner Sippe gehört. Ich betrachte ihn genauer. Die Form seiner Finne wirkt ein bisschen angebissen. Und er klingt auch komisch. Er muss ein Seehundfresser sein. Was ist passiert?

»Deneb, das ist ein Fremder. Wo ist Onkel Orion? Wo ist *Mutter*?«

»Ich habe ihn befreit, und er hat mir geholfen, dich zu finden.«

»Du hast *was*? Wo ist unsere Familie?«

Hat Deneb sie auch verlassen? Ist er mir gefolgt? Das würde er doch nie tun! Dazu ist er ja viel zu klein. Panik jagt durch meinen Körper. Ich will meine Mutter. Es ist wie ein Schmerz in den Knochen, wie Hunger.

»Wie tief ist tief genug?«, fragt Deneb.

Ich weiß es nicht. Ich spüre nur eine Gefahr auf uns zukommen. Eine Reihe von Booten flieht Richtung offenes Meer. Ich sehe schon die Stelle vor uns, wo das Land endet und der offene Ozean anfängt. Fast da! Ich springe wieder. Am Horizont erhebt sich eine Welle.

Der fremde Orca muss sie wohl auch spüren. Er stoppt, dreht sich zu Deneb, schaut ihn entschlossen an und knurrt etwas, das keiner von uns versteht. Er schwimmt an die Wasseroberfläche und atmet tief ein und aus. Deneb und ich machen es ihm nach. Die Luft wärmt mich auf und gibt meinen müden Muskeln neue Kraft.

Ich überprüfe erneut den Horizont. Die Welle, die auf uns zukommt, ist größer als Boote, größer als Bäume, so groß wie die felsigen Klippen am Landende. Meine Panik wird zu einem grauenvollen Entsetzen. Großmutters Stimme ertönt in meiner Erinnerung: »Damals gab es ein Beben, das nicht aufhörte, ehe es die Form des Meers neu gestaltet hatte.«

Das da vor uns ist eine Welle, die die Form des Meers neu gestalten wird. Das ist eine Welle, die Berge zerquetscht. Ich schreie den Namen meiner Mutter in das Gesicht des riesigen Brechers. Ich habe meine Familie verlassen und das ist nun mein Schicksal: mich ganz allein einer Welle zu stellen, die das Meer neu formen wird.

»Ich bin hier!«, piepst Deneb. »Ich bin an deiner Seite.«

Ich stupse ihn in dem wirbelnden Ziehen des Wassers, bis er im Schutz meiner Flipper ist. Der Fremde senkt den Kopf und hebt den Schwanz, um zu tauchen.

»Tauch!«, rufe ich. »Bleib bei mir!«

Die Welle ist jetzt fast über uns. Boote steigen ihre Vorderseite empor, taumeln zurück.

»Fertig?« Ich hole noch einmal tief Luft. »Los!«

Ich tauche, Deneb ist neben mir und der Fremde direkt vor mir. Das Licht verliert sich von einem fahlen Grün zu tiefdunklem Blau. Ich spüre, wie die Welle kommt. Der Grund ist flach hier, ohne Felssäulen, hinter denen man sich verstecken kann. Ich kämpfe mit aller Kraft gegen die Welle. Mein Herz verlangsamt sein Tempo, um Atem zu sparen. Deneb fängt an, nach oben zu steigen, obwohl er mit seinen kleinen Flossen dagegen ankämpft. Ich schwimme über ihn und neige ihn zurück nach unten. Nutze mein Gewicht, damit er nicht weggespült wird. Wir erreichen den kieseligen Meeresgrund. Mein Herz schlägt immer langsamer, selbst

als sich die Welle unerbittlich weiter in Richtung unserer Heimatgewässer bewegt.

Als sie endlich vorüber ist, drehen wir uns himmelwärts und brechen mit einem gewaltigen Luftstoß durch die Haut des Meers. Der Fremde stößt ein lautes *Tschaaaah* aus seinem Blasloch, als er neben uns auftaucht. Mit jedem neuen Atemzug sauge ich Mut ein, verliere ihn aber wieder ein wenig, als ich mich umschaue. Umgestürzte Boote, Gegenstände und Menschen bewegen sich im Wasser. Einige treiben an der Oberfläche. Einige sinken. Einige flattern und rufen.

»Oh«, keucht Deneb. »Kaputt!«

Er schwimmt zu einem der flatternden Menschen in der Nähe und stupst ihn auf ein treibendes Ding zu. Der Mensch zieht sich hinauf und Deneb kümmert sich um den nächsten. Er stupst und stupst, bis beide Menschen oben auf dem Ding liegen. Sie klammern sich aneinander und zittern.

»Wir müssen weiter«, sage ich.

Ich schaue mich nach den Finnen meiner Familie um,

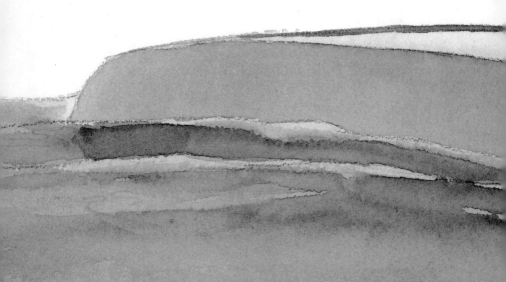

nach jemandem, der die Führung übernimmt und die Entscheidungen trifft. Doch wir sind allein.

Die umgekippten Boote beunruhigen mich. Ein Fisch hat ölige Fleischstücke in seiner Mitte, die gut schmecken, aber ein Boot hat Gift in der Mitte. Bald wird es ins Meer laufen. Trotzdem gilt Großmutters Regel, was Menschen angeht: nicht verletzen. Sie untergehen zu lassen, ist eine Verletzung. Deneb der Gefahr durch das Gift auszusetzen, ist jedoch auch falsch.

»Nur noch einen«, sagt Deneb und kehrt zu dem letzten der treibenden Menschen zurück. Der tanzt mit einem Gleitding und einem blinkenden Licht auf der Wasseroberfläche.

»Wir müssen los. *Jetzt!*«

Ich helfe Deneb, den Menschen zu dem Ding zu stupsen. Die anderen zwei ziehen ihn aus dem Wasser. Sie umschlingen sich fest und brüllen wie gestrandete Seelöwen.

»Es werden noch mehr Riesenwellen kommen«, erkläre ich Deneb. »Großmutter hat mir erzählt, dass sie immer zu-

sammen unterwegs sind, genau wie wir.« Ich halte bereits nach der nächsten Ausschau. »Wir müssen in tieferes Wasser.«

Der Fremde ist dorthin schon aufgebrochen. Wir wenden der Salischen See den Rücken zu und folgen ihm zum Landende. Neben der Insel, die der Küste vorgelagert ist, stoppen wir, suchen nach unserer Familie, sehnen uns danach, dass sie uns findet.

Als die Sonne im Meer untergeht und die Sterne zu leuchten beginnen, steigen gigantische Wellen aus der Tiefe herauf. Drei dieser Riesenwellen rollen über uns hinweg. Dreimal tauchen wir. Die Wellen versuchen, uns zu packen und gegen die Klippen zu werfen. Doch wir bezwingen sie. Wir hören, wie sie mit ihrer Kraft gegen die Küste schlagen. Der Lärm lässt nach, je weiter wir fortgezogen werden. Ich verschließe mein Herz gegen alle Erinnerungen an meine Heimat. Ich kann den Gedanken nicht ertragen, dass ich nie mehr dorthin zurückkehren könnte.

LANDENDE

Als die Sonne aufgeht, liegt das Meer ganz ruhig da. Eine Nacht des Kampfs gegen die Riesenwellen hat uns vom Landende weggezogen – genau bis zu der Stelle, wo der Grund senkrecht abfällt und das offene Meer beginnt. Kein Licht kann den Fuß des steilen Kliffs dort unten erreichen. Kein Orca kennt die Wesen, die in der Blauen Wildnis hausen. All die Monster in unseren Geschichten kommen von dort.

»Schwimmt nicht über das große Kliff hinaus ins offene Meer«, hat uns Großmutter vor jeder Fangzeit gewarnt. »Kein Orca, der in die Wildnis schwimmt, kommt jemals von dort zurück.«

»Hier lang«, sage ich zu Deneb und wende mich von der Gefahr ab.

Zusammen mit dem Fremden eilen wir zurück zu den sonnenbeschienenen Flächen entlang der Küste. Schließlich schlafen wir.

Deneb tanzt zwischen mir an der einen und dem Fremden an der anderen Seite auf den sanften Wellen. Das Ziehen des Meers macht dem Schieben Platz und die Sonne erwärmt das Wasser.

Ich war noch nie so müde und habe noch nie so lange gedämmert. Meine Muskeln entspannen sich. Die vielen blutenden Schnitte in meiner Haut verheilen langsam. Während ich dämmere, halte ich einen Flipper auf Deneb, damit er nicht umherstreunt.

Mit jedem Atemzug horche ich nach der Stimme meiner Mutter. Denn Mutter müsste doch hier sein, wenn Großmutter gesagt hat, dort sollten wir hin.

Doch das Einzige, was ich höre, ist das leise Knacken und Knistern von Fischen und das lange und stete *Wusch* der Wellen gegen die Küste.

Ich schüttle den Schlaf ab und suche wieder mit meinem Klickschwall nach meiner Familie, aber ich sehe sie nirgends. Mir sinkt der Mut.

Die Salische See ist eine winzige Bucht im Vergleich zu dem ganzen Ozean.

»Wie soll ich euch jemals finden?«, sage ich laut.

Deneb murmelt etwas, stößt an mich, seufzt und schläft

wieder ein. Ich streichle seinen Rücken und wache über ihn. Wo immer meine Familie hin ist, eines weiß ich ganz sicher: Sie wird nie aufhören, nach mir zu suchen.

Die Sonne steigt am Himmel empor. Überall, wo ich hinschaue, ist die Küstenlinie ein Chaos. Bäume stehen schief oder sind ganz umgestürzt. Boote liegen zerstört auf den Felsen.

Kleine Fische, die normalerweise in schmalen Felsspalten hausen, kreisen im offenen Wasser. Bodenbewohner schwimmen an der blassgrünen, sonnendurchfluteten Oberfläche und warten darauf, dass sich der Schlamm und Sand wieder senken. Die großen Wale und Schweinswale, die mit uns den Spurt Richtung Ozean gemacht haben, sind lange fort.

Ich suche erneut nach meiner Familie. Und mit jedem leeren Echo, das zu mir zurückhallt, spüre ich einen Anflug von Schuld. Ich habe sie verlassen – in dem traurigsten Moment unseres Lebens.

Schließlich wacht Deneb auf. »Wo ist Mutter?«

Ich kann mich nicht zu der Antwort durchringen: *Ich weiß es nicht.*

Mutter hat das nie gesagt, und schon gar nicht Großmutter. Eine Wegfinderin sollte es wissen.

»Wo ist Großmutter? Wo ist Onkel Orion?«

Deneb geht jeden Namen aus unserer Familie durch. Ich zähle meine Atemzüge – langsam –, so wie ich es meine Mutter oft habe tun sehen.

»Wir müssen einfach warten... hmm ... bis das Wasser wieder klar wird.« Wieso habe ich das gesagt? Unsere Familie kann überall sein. Klares Wasser lässt sie auch nicht schneller auftauchen.

»Okay«, sagt Deneb fröhlich. Er stupst den Fremden an, der sein Auge aufklappt. »Wir suchen unsere Familie«, sagt Deneb. »Suchst du deine auch?«

Der Fremde knurrt und hebt den Kopf über die Haut des Meers.

»Wo ist deine Mutter?«, fragt Deneb weiter und taucht neben ihm aus dem Wasser. »Und deine Großmutter? Ohne sie wirst du nicht lange leben.«

Er sagt es mit solcher Überzeugung, dass mir das Herz wehtut. Es ist alles meine Schuld. Ich habe Kapella gestohlen. Ich habe bloß an meine Gefühle gedacht. Und Deneb, der erst fünf Fangzeiten alt ist, ist gekommen, um mich zu suchen. Es ist meine Schuld, dass wir verloren sind.

Der Fremde schwimmt zu der Insel mit den schlummernden Seehunden am Felsenufer. Eine Seehündin wärmt sich neben ihrem Jungen in der Sonne.

Ich spüre einen Anfall von Neid. Wer wird von nun an auf mich aufpassen? Niemand. Ich schaue zu Deneb. Ich bin nur sechs Fangzeiten älter als er, doch jetzt ist es meine Aufgabe, ihn zu füttern und zu beschützen. Ich bin die einzige Mutter, die er hat.

Deneb redet und redet auf den Fremden ein. »Onkel Orion hat gesagt, Wega und ich würden einander finden, und so war es! Ich wette, deine Schwester sucht bestimmt auch schon nach dir ... sie könnte gleich hinter der nächsten Insel sein. Eine Schwester weiß, was zu tun ist.«

Ich zähle wieder meine Atemzüge, um die Panik in mir zu unterdrücken. Sie können nicht weit sein. Ich hebe erneut den Kopf über die Wasseroberfläche und schwimme langsam im Kreis. Es sind keine Netzboote in Sicht. Kein einziges. Auch die großen Lastenträger sind weg. Rauchwolken steigen über der Küste auf.

Ich gebe mir Mühe, so gelassen zu sein, wie Mutter es wäre. Wende mich kaltwärts. Forme meinen Klickschwall für die weitest mögliche Entfernung und sende ihn aus. Noch einen. Und dann noch einen. Während ich auf die Echos warte, redet Deneb immer weiter auf den stummen Fremden ein.

»In welche Richtung, glaubst du, würde deine Mutter ziehen?«, fragt er. »Hast du Hunger? Gibt es dort Fische? Gibt es da Lachse?«

Ich fange an, meine Familie zu bewundern – wie oft haben sie Denebs Fragen unter sich aufgeteilt, damit niemand alle beantworten musste!

»Glaubst du, sie sind immer noch dort?«, fragt Deneb. Er schaut zurück in die Meerenge, wo die Nase eines Lastenträgers nach unten zeigt und der Schwanz in die Luft.

»Wir müssen hier weg«, sage ich. »Das Blut der Boote ist Gift für uns.«

»Aber was, wenn unsere Familie dahinten ist?«, fragt Deneb. »In dem ganzen ... Zerstörten. Wir müssen sie suchen!«

»Nein«, sage ich entschlossen und bemühe mich, so gut es geht, wie eine Wegfinderin zu klingen. »Der saure Geschmack des Bootbluts wird kommen. Unsere Augen werden brennen und wir werden alles verschwommen sehen. Gift wird sich bis in unsere Heimatgewässer ausbreiten, Boote werden umstürzen und ganze Felsklippen und Bäume werden hineinfallen. Wir müssen hier weg.«

Ich wende mich Richtung Ozean. Er breitet sich so groß vor uns aus wie der Himmel.

SEEHUND

Wega sucht nach dem richtigen Weg. Sie denkt die Gedanken einer Wegfinderin. Dabei sollte ich sie nicht belästigen. Zum Glück bin ich gut im Geduldhaben.

Der Fremde wartet auch. Ich bin sicher, seine Mutter kommt bald. Natürlich bin ich viel zu groß dafür, mich zu beklagen, aber das Warten wäre wesentlich leichter, wenn es etwas zu fressen gäbe.

»Hast du Hunger?«, frage ich den Fremden. »Isst du jemals Fisch?«

Er antwortet mir nicht, sondern schwimmt nur langsam am felsigen Ufer der Insel entlang, die der Küste vorgelagert ist.

»Ich finde, wir sollten etwas zu fressen suchen. Wie wär's mit Plattfisch?«

Immer noch keine Antwort.

Ich versuche es weiter. »Vielleicht könnten wir es mit

Aalen probieren. Oder meinst du, wir sollten lieber einen Kraken suchen?«

Es stellt sich heraus, dass der Fremde offenbar vieles nicht frisst. Er setzt seine schweigsame Suche fort. Ich folge ihm, aber immer in Sichtweite von Wega.

Den größten Teil der Algenwälder haben die Riesenwellen weggerissen. Doch die wenigen Stängel, die noch da sind, biegen sich unter dem Ziehen des Meers Richtung Ozean.

»Hey, schau mal!«, rufe ich dem Fremden zu. »Otter! Magst du die? Sind ein bisschen klein, was?«

Ich richte meinen Klickschwall auf ein Pärchen, das auf dem Rücken zwischen den Seetangwedeln treibt. Sofort

lassen sie die Muscheln fallen, die sie in ihren Flossen gehalten haben, und wälzen sich auf den Bauch. Sie schwimmen zu den Felsen, ihre Körper schlängeln sich wie Aale. Dann drehen sie ab und gleiten durch einen schmalen Spalt in einen geschützten Tümpel. Kurz darauf tauchen sie an der Wasseroberfläche wieder auf und fauchen mich aus sicherer Entfernung an.

»Erwischt!«, rufe ich. »Sie sind hier vorn. Ich bin gut darin, Beute zu finden. Hast du gesehen?«

Der Fremde bläst einen kurzen Blasenstrom aus seinem Atemloch, wahrscheinlich bedankt er sich bei mir. Stolz wende ich mich wieder den Ottern zu. Ich untersuche den schmalen Spalt, der zu dem Tümpel führt. Leider ist er an keiner Stelle für mich breit genug. Höchstens einer meiner Flipper würde durchpassen.

»Du kannst sie ja fressen, wenn sie wieder rauskommen«, erkläre ich. »Die kriegen sicher bald Hunger.«

Ich mache es mir bequem, schaue und warte. Mein leerer Magen brüllt wie ein Seelöwe. Die Otter tauchen. Einer hebt einen Stein hoch. Seine Flipper haben Greifer, fast wie Menschen. Die Greifer halten den Stein und knallen ihn auf ein paar Muscheln. Einige platzen auf. Der andere Otter bricht Seepocken ab.

Die beiden lassen sich mit dem Bauch nach oben treiben. Sie knacken die Muschelschalen und schlürfen das köstliche Innere aus. Es gibt echt ganz schön viel zu fressen in dem kleinen Tümpel. Ich fühle, wie der Glanz meiner Beute ein bisschen verblasst. Der Fremde wendet sich ab, schweigsam wie immer, und schwimmt die Küste entlang, weiter zur nächsten Felsenansammlung.

Wega kommt an meine Seite geschwommen. »Der Fremde muss jagen«, sagt sie. »Er hat Hunger, ganz genauso wie du.«

»Ich weiß. Deshalb helf ich ihm ja.«

»Die Sippe der Seehundfresser hat ihre eigenen Methoden«, antwortet sie. Wir schwimmen an der Küste entlang und lassen dem Fremden ausreichend Platz. »Sie jagen mit List.«

»List? Was ist das?«

»Sie sind ganz still und benutzen weder ihre Stimme noch ihren Klickschwall, nur ihre Augen.«

Ich beobachte Wega, als sie den Kopf aus dem Wasser hebt und die Küste absucht. Kaum zu glauben, was sie da gerade gesagt hat. »Und wie finden sie dann was?«

»Nun, die Otter sind davongekommen, weil sie dich gehört haben«, erklärt Wega. »Seehunde und Seelöwen hören genauso gut.«

»Nein.«

»Doch.«

»Sie haben Ohren?«

»Und ob.«

Wir tauchen unter, schwimmen weiter und tauchen vor einem anderen Felsen wieder auf. Abgeknickte Bäume überziehen den Strand. Ein umgekipptes Netzboot und tote Fische liegen in der Sonne. Ich denke über den Fremden und unsere gemeinsame Zeit nach.

»Das heißt, wenn ich mit ihm rede und er nicht antwortet, dann wegen ...«

»... der List«, sagt Wega sanft. »Er versucht zu jagen.«

»Ich glaube, ich wäre nicht sonderlich gut mit der List«, murmele ich. »Klingt irgendwie einsam für mich.«

Wega streichelt mich mit ihrem Flipper. »Ich bin ja da«, sagt sie. »Ich werde immer mit dir reden. Aber wir sollten den Fremden jagen lassen und seine Beute nicht vertreiben. Das ist nur fair. Er hat uns auch geholfen.«

Ich will mich dem Fremden gegenüber anständig verhalten. Ich will so stark, fett und selbstsicher sein wie er. Ich will alles lernen, was er weiß. Aber er wird mir nichts erklären. Ich folge ihm trotzdem, um alles zu lernen, was ich mir bei ihm abgucken kann.

Wega schwimmt weiter die Küstenlinie entlang und murmelt etwas von Wegzeichen vor sich hin. Ich dachte, es gäbe einen Fluss hier in der Nähe des Strandes, aber nichts sieht mehr so aus, wie ich es in Erinnerung habe. Ich bin so froh, dass Wegfinden ihre Aufgabe ist und nicht meine!

Der Fremde schwimmt vor mir an felsigen und sandigen Küstenstreifen vorbei. Stämme und Äste und sogar ganze Bäume treiben an uns vorüber. Ich bin zu hungrig, um mit ihnen zu spielen. Wega sucht nach Lachsen, aber sie ruft nicht nach mir, dass ich mithelfen soll. Der Tag geht zu Ende. Das Ziehen des Meers wird vom Schieben abgelöst und mein Hunger wächst. Ich fange an, nach Plattfischen, Stachelfischen, Kleinstfischen Ausschau zu halten. Nach einfach allem, ganz egal was.

Als wir zu der nächsten Felsengruppe kommen, wird der Fremde langsamer. Das Schieben des Meers hebt einige Seehunde von den Felsen. Zu zweit oder dritt schwimmen sie davon. Der Fremde steht im Wasser und atmet kaum – er ist ganz still. Ich halte die Luft an und schaue ihm zu.

Und dann, als ein Seehund allein den Felsen verlässt, stürzt sich der Fremde auf ihn, das Maul weit aufgerissen wie ein Schlinger. Er legt seine Zähne um den Schwanz des Seehunds und beißt zu. Der Seehund stößt einen panischen Schrei aus und die anderen jagen auseinander.

Der Fremde wölbt sich aus dem Wasser und schwingt den Seehund über dem Kopf. Der bellt verzweifelt, als er durch die Luft geschleudert wird und aufs Wasser klatscht. Doch plötzlich hören die Schreie auf. Der Fremde schwingt den Seehund noch einmal durch die Luft, und als er wieder aufs Wasser trifft, sende ich einen Klickschwall in seine Richtung, um zu sehen, was passiert ist. Der große Mittelknochen des Seehunds ist gebrochen. Der Fremde lässt das Schwanzende los und beißt ihm in den Nacken. Blut spritzt heraus. Ich beobachte mit meinem Klickschwall, wie sich die Lungen des Seehunds mit Wasser füllen, sein Herz immer langsamer wird und schließlich mit einem letzten Zucken aufhört zu schlagen.

Ich liebe es zu jagen. Nichts fühlt sich besser an, als Lachse zu fangen. Meiner Mutter und meiner Schwester, erst recht meiner Großmutter einen Lachs zu bringen, ist das schönste Gefühl überhaupt! Ich habe nur noch nie gesehen, wie ein Tier gejagt wurde, das Luft atmet so wie ich. Jedenfalls nicht aus der Nähe.

Der Fremde ist unglaublich. Ich kann es gar nicht erwarten, so stark zu werden wie er. Aber auch wenn ein Seehund äußerlich anders aussieht, erkenne ich doch unweigerlich, wie er mir innerlich ähnelt. Zum ersten Mal spüre ich einen Hauch von Angst, als ich den Fremden beobachte.

Er beißt und schüttelt den Seehund. Lässt ihn los und beißt wieder zu. Zuerst scheint es gemein, immer wieder in ein Tier zu beißen, das doch längst tot ist. Aber dann sehe ich, dass der Fremde versucht, ein Stück abzureißen, um es zu fressen.

»Lass mich dir helfen«, sage ich.

Ich nehme den Schwanz des Seehunds zwischen die Zähne und halte ihn fest. Der Fremde zieht an der anderen Seite und reißt einen Happen ab. Er gibt ein warmes, seliges Brummen von sich, als er sein Fressen hinunterschlingt. Und als er sich satt gefressen hat, stupst er mir einen Bissen zu.

Ich betrachte es ganz genau. Seehund ist nichts, was ich je von Mutter oder Großmutter bekommen habe. Aber ich bin so hungrig! Wega hält immer noch Ausschau nach Lachsen. Die Spitzen ihrer Flossen zucken nervös, so wie wenn sie versucht, sich gegen Aquila zu stellen. Sie wird etwas zu fressen finden. Eine Wegfinderin findet immer zu fressen. Aber ich habe *jetzt* Hunger.

Ich probiere einen Happen. Die Fellstücke schmecken furchtbar, doch das Fleisch ist angenehm. Der Fremde wendet sich ab. Als er nicht schaut, versuche ich, alle spitzen Teile auszuspucken. Es ist schwerer, als es scheint. Meine Kehle brennt, wenn ich schlucke. Mein Magen tut weh.

Der Fremde schwimmt fort, und es geht mir zu schlecht, um ihn zu bitten, bei mir zu bleiben. Ich lasse den Rest des Seehundschwanzes auf den Grund sinken, wo Krebse und Aale alles abfressen werden, und sehe zu, wie der Fremde außer Sicht schwimmt. Ob ich ihn je wiedersehen werde?

Ich gleite in einem Bogen an Wegas Seite zurück. Sie steckt tief in ihren Wegfinderinnen-Gedanken und sendet immer wieder einen Klickschwall in Richtung Ufer. Ich stupse sie an.

»Alles in Ordnung mit dir?«, fragt sie. »Hat dich der Fremde verletzt?«

»Mir geht's gut.«

Mein Magen macht ein Geräusch. Ein ziemlich lautes.

»Was hast du gefressen?«

»Nichts.«

Ich krümme mich, als sich mein Magen noch lauter meldet. Wega schickt ihren Klickschwall über mich und betrachtet mich mit einem liebevollen, aber prüfenden Blick von der Nase bis zur Fluke.

»Du hast Seehund gefressen«, sagt sie.

Ich schwimme von ihr fort. Meinem Magen geht es schlecht, sehr schlecht. Ein langer, lauter und blutgetränkter Strahl kommt aus meinem hinteren Ende.

»Ich hab ihm geholfen«, sage ich.

Wir schwimmen von meinem Strahl weg, doch ein zweiter, genauso lauter und blutiger folgt.

»Ich hatte Hunger. Ich dachte, Seehund lässt sich gut fressen, weil es der Fremde auch gemacht hat.«

»Ihre Wege sind nicht unsere Wege«, antwortet Wega. »Und wenn wir es noch so versuchen, wir werden niemals wie sie sein.«

Meine Fluke und meine Flipper hängen kraftlos herunter.

»Wo sind unsere Lachse hin?« Ich dürfte sie so was nicht fragen. Ich müsste ihr vertrauen. Aber ich habe Hunger. Ich hatte noch nie im Leben solch einen Hunger. »Hab ich was falsch gemacht?«, flüstere ich. »Bin *ich* schuld, dass sie weg sind?«

»Wenn alle Orcas Lachs fressen würden, dann gäbe es nicht genug für jeden«, beginnt Wega. »Deshalb fressen manche Orcas Seehunde, um das Gleichgewicht zu wahren. Sie sind nicht die gleiche Sippe, aber wir helfen einander, indem sich jede Sippe an ihr Fressen und ihre Art zu leben hält.«

Mein Magen ist endlich wieder leer. Doch ich versuche erst gar nicht, mit dem Jammern aufzuhören. Wega erklärt mir, dass die Lachse von den großen Wellen auseinandergetrieben worden sind. Ich höre nicht zu. Nach einer Weile verstummt sie und schwimmt unter mich. Sie klickt zärtlich über meinen ganzen schmerzenden Bauch.

»Ich werde etwas zu fressen für dich finden«, summt Wega mir zu. »Versprochen.«

»Ich werde nie wieder Seehund fressen!«

Noch nie in meinem Leben habe ich etwas, das ich getan habe, so sehr bereut. Ich schließe ein Auge und schlafe ein. Selbst in meinen Träumen habe ich Hunger.

VERIRRT

Wie konnte ich ihm etwas zu fressen versprechen? Was hab ich mir dabei gedacht? Ich habe keine Ahnung, wo die Lachse sind. Nicht die geringste! Ich schaukle von einer Seite zur andern. Ich mache den weichen Summlaut, den meine Mutter immer für mich gesummt hat, als ich ein Junges war. Wie soll ich auf Deneb aufpassen und gleichzeitig Lachse finden? Einen kurzen Moment verliere ich ihn aus den Augen – und schon hat er das Falsche gefressen!

Außerdem kann ich nicht glauben, wie sehr ich plötzlich nach Aquila klinge. Ich habe mir geschworen, nie so zu werden wie sie, aber seit dem Moment, als ich die Wegfinderin für uns beide wurde, kommt das Besserwisserische so selbstverständlich aus mir heraus wie mein Atem.

Und was noch schlimmer ist: Ich hab mich verirrt. Dabei kenne ich diese Küste wie meine eigene Haut. Erneut hebe ich den Kopf aus dem Wasser

und suche das Ufer ab. Erneut sende ich unter Wasser einen Klickschwall, um die Form des Ufers zu prüfen. Wieder und wieder.

Die Insel mit dem Licht an der Mündung der Salischen See, sage ich mir auf, *und dann warmwärts an der Küste entlang bis zu der Bucht mit einem Fluss an jeder Seite, aus denen die Lachse kommen, sobald die Bäume gelb werden.*

Nichts davon finde ich. Dabei bin ich diesen Küstenstreifen nun schon so oft entlanggeschwommen. Es ist verwirrend: Der Strand ist unnatürlich breit. Die Bäume haben ihre Rinde und ihre Äste verloren. Lange bernsteinfarbene Seetangstängel liegen verschlungen auf dem nassen Sand, zusammen mit Fischen in allen Größen. Krebse krabbeln um sie herum und wedeln mit ihren Scheren, wie um das Wasser zu schelten, dass es so weit fortgegangen ist.

Adler mit schneeweißen Köpfen kreisen darüber, landen und schreiten von einem Festmahl zum nächsten. Ich dagegen finde nach einer langen Nacht der Suche gerade mal einen Plattfisch. Ich nehme einen Bissen und bringe Deneb den Rest.

»Was macht dein Bauch?«

»Ist leer«, antwortet Deneb, noch schläfrig.

»Nimm den hier.«

Ich reiche ihm den Plattfisch. Ich *muss* ihm etwas geben. Eine Wegfinderin versorgt ihre Familie. Und heute bin ich einfach alles, was Deneb hat.

»Folg mir. Wir müssen uns bewegen.«

»Ich bin an deiner Seite«, antwortet Deneb ernst.

Mein Herz tut mir weh bei der Erinnerung daran, dass Onkel Orion immer das Gleiche sagt. Wie konnte ich ihn nur verlassen?

Wir schwimmen den ganzen Tag und bis in die Nacht hinein am Ufer entlang. Diese Küstenlinie war früher unser Winterspielplatz. Wir haben an den Flussmündungen Lachse gejagt und in Meereshöhlen gerufen, um das Echo zu hören. Und wir haben uns gegenseitig herausgefordert, durch die Felsenbögen zu schwimmen.

Die Bögen sind jetzt alle umgestürzt und die Höhlen voll von den Skeletten des Waldes. Und die Flüsse ... die Flüsse, die uns ernähren, sind mit Schlamm verstopft.

Deneb bleibt die ganze Nacht an meiner Seite. Als die Sonne aufgeht, dringt ein Gesang aus dem Wald. Es klingt wie Walgesang, der ansteigt und abfällt, lauter wird und wieder leiser. Wir halten an, um zu lauschen.

»Wer ist das?«, fragt Deneb.

Manchmal gehen Menschen mit einem Wesen an einer Schnur am Ufer entlang – das singt so. Aber nicht genau

Dieser Gesang ist wilder. Ich werde die Vorstellung nicht los, dass mir das Landwesen irgendwas sagen will. Es singt und hört wieder auf. Singt und hört wieder auf. Als wenn das Tier seine Familie rufen würde – rufen, ohne eine Antwort zu bekommen.

Ich erinnere mich daran, was Großmutter vom letzten Mal erzählt hat, als das Meer mit solcher Kraft bebte: Harte Zeiten folgten für alle Lebewesen.

Deneb schmiegt sich eng an mich. »Klingt sehr, sehr einsam«, meint er.

Ich sage es nicht laut, aber ich bin sicher, die Stimme trauert um ihre verlorene Welt. Ich möchte auch trauern. Ich möchte weinen um alles, was ich verloren habe. Aber das würde Deneb Angst machen, und er strengt sich doch die ganze Zeit so an, tapfer zu sein!

Ich versuche das auch. Es gibt keine Nahrung hier in unseren Winterjagdgründen. Aber ich darf nicht aufgeben. Ich *werde* nicht aufgeben. Ich muss es an dem Ort probieren, von dem Großmutter immer gesagt hat: »Geh da nicht hin.« Es gibt keine andere Möglichkeit.

»Komm mit«, sage ich zu Deneb.

BLAUE WILDNIS

Ich wende der aufgehenden Sonne die Fluke zu und Deneb folgt mir. Der Meeresboden neigt sich nach unten. Furchen winden sich über den Grund wie die Arme eines riesigen Baums. Die Neigung führt bis zu dem Kliff, wo der Boden steil in die Tiefe stürzt, jenseits von allem, wo Licht hinreicht. Die Kälte steigt von unten zu uns hoch. Ich zittere. Das ist die Grenze, von der uns Großmutter eingeschärft hat, sie nie zu überqueren.

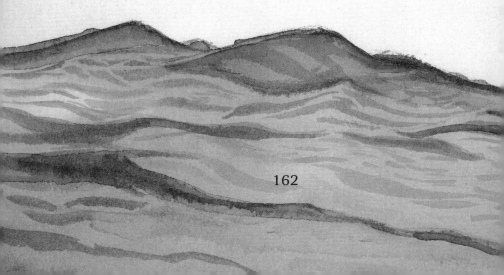

Das Ziehen des Meers hilft uns. Deneb und ich jagen über die Kante und versuchen, nicht an die angsteinflößenden Geschichten zu denken. Ich sende wie wild einen Klickschwall nach dem andern, um Ausschau zu halten nach ... ich weiß nicht was. Nach Monstern. Oder noch schlimmer, nach der trostlosen Blauen Wildnis – weit weg vom Rauschen der Wellen, die sich an der Küste brechen.

Ich schwimme beständig den ganzen Tag lang bis in die Nacht hinein. Deneb bleibt wie ein Schatten an meiner Seite. Eine Ruhepause werde ich erst einlegen, wenn die Sonne wieder aufgeht. Ich gleite mit gesenktem Schwanz und flach angelegten Flippern nahe der Wasseroberfläche, sodass ich mit den langen Dünungen, dem Herzschlag des Ozeans, steige und sinke. Ich drehe mich in alle Richtungen: kein Land in Sicht. Nichts als das endlose Graublau der See. Das Blassblau des Himmels mit seinen Wolkeninseln erstreckt sich genauso endlos und einsam über mir.

Deneb tanzt neben mir mit der Dünung auf und ab. Er starrt auf den endlosen Horizont. Normalerweise würde er mich mit Fragen überschütten, doch jetzt dreht er sich bloß in langsamen Kreisen und schaut und schaut und schaut auf ... nichts.

Er seufzt und reibt seinen Kopf an meinem Kinn, ohne irgendetwas zu sagen. Auch ich weiß nicht, was ich sagen soll. Alles, worüber ich mir in unseren Heimatgewässern Gedanken gemacht habe, erscheint klein im Vergleich zu der Weite des offenen Ozeans. Deneb gleitet unter die Dünung. Er ist ganz still – eine Stille, die mir so fremd ist wie unsere Umgebung.

»Es ist schwierig, deinen Weg in der Wildnis zu finden«, hatte mich Großmutter gewarnt, als ich noch ein Junges mit Lust auf Monstergeschichten war.

»Die Blaue Wildnis ist kein Ort für uns«, meinte Mutter, als ich vor vielen Fangzeiten Aquila dazu herausforderte, mit mir über den Rand des Kliffs zu schwimmen.

Unter Wasser ist es nicht ganz so trostlos wie an der Oberfläche – ein fernes Grollen von einem Boot auf der einen Seite, das hohe Geschnatter einer Delfinfamilie auf der anderen Seite von uns. Doch kein Trippeln und Knirschen von Krebsen, Seesternen und Seeigeln. Ich forme einen Langstrecken-Klickschwall und richte ihn hinab in die Finsternis. Zehn Herzschläge vergehen, ehe das Echo vom Meeresgrund zu mir zurückkommt. Der Gedanke an all das Wasser und all die namenlosen stillen Fische, die dort unten lauern, lässt mich erschauern.

»Ich bin an deiner Seite«, sagt Deneb. Er legt seinen Flipper auf meinen. »Ich bin hier.«

Über dem Land geht die Sonne auf; sie wird mir den Weg nach Hause weisen. Ich habe mich nicht verirrt. Nicht völlig. Ich ruhe mit dem Blasloch über dem Wasser und die Sonne wärmt mir den Rücken.

»Nach Hause geht es in Richtung Sonnenaufgang«, sage ich zu Deneb und lege ein vorgetäuschtes Selbstvertrauen in meine Stimme. »Wir können nach Hause, wann immer wir wollen.« Ich sage es so, wie Aquila es tun würde, fest und entschlossen wie Mutter und Großmutter. Wie ein Kommando, dem niemand wagen würde, den Gehorsam zu verweigern.

»Ich bin bei dir«, sagt Deneb und klingt auch gleich viel zuversichtlicher. »Was werden wir fressen?«

Das ist das Entscheidende.

»Lachse kommen vom Meer«, sage ich bestimmt. »Sie müssen hier irgendwo sein.«

Ich untersuche das Wasser vor uns nach etwas von der Größe und Form eines ausgewachsenen Lachses. Wo keine Inseln sind oder Unterwasserberge oder zumindest Wracks, um sich drum rum zu sammeln, gibt es nur wenige Fische, und wenn, dann bloß kleine. Ich verbringe den ganzen Tag bis tief in die Nacht hinein mit der Suche. Deneb sucht auch. Manchmal deutet er mit seinem Klickschwall auf einen Fisch.

»Der?«, fragt er. »Ist der da ungefährlich?«

Doch sie sind alle zu klein, haben einen falsch geformten Schwanz oder einen stacheligen Kamm. Einige Fische sind giftig. Selbst ein Baby weiß das. Und jeder Giftfisch hat Heuchler, die zwar gefährlich aussehen, aber in Wirklich-

keit köstlich schmecken. So lernt jeder Orca schon als Junges, genau hinzusehen und nur die zu fressen, bei denen er sicher ist. Je länger sich der Tag allerdings hinzieht und je größer mein Hunger wird, desto mehr überlege ich, einen neuen Fisch zu probieren – und damit mein Leben zu riskieren.

Als die Sonne untergeht, stoßen Deneb und ich auf einen Schwarm von etwas Winzigem und Rosafarbenem. Größere Fische fressen die winzigen rosa Dinger und einige von ihnen sind tatsächlich etwa so groß wie Lachse.

»Da!«, ruft Deneb. »Die können wir fressen! Oder?«

Ich untersuche die Fische genau. Die Schwanzform passt

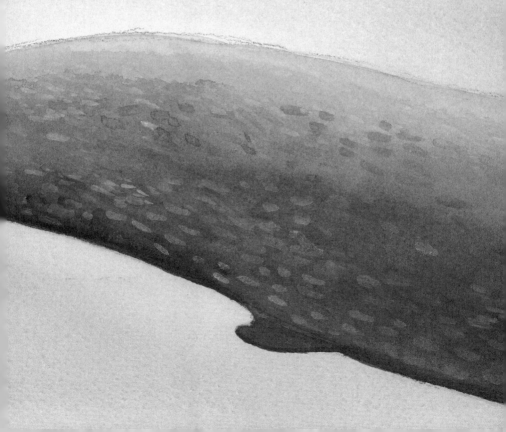

nicht ganz und der Kiemenbogen stimmt auch nicht. Aber sie sehen so gut aus, so *fast* richtig.

»Ja. Versuchen wir's.«

Wir begeben uns in Stellung, ich kreise hinab, um die Fische nach oben zu scheuchen, Deneb wartet an der Oberfläche, um sie zu schnappen.

Da treibt ein langes und tiefes Stöhnen aus der Tiefe zu uns herauf. Deneb jagt an meine Seite und schießt wie wild seinen Klickschwall in Richtung des unbekannten Geräuschs. Es ist ein tiefer und langsamer Laut. Ein Brummen, das lauter wird.

Ich dränge Deneb fort von der Fischwolke, und wir verhalten uns still, damit uns das brummende Wesen nicht findet.

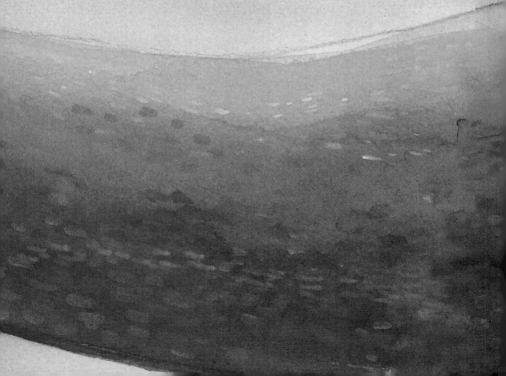

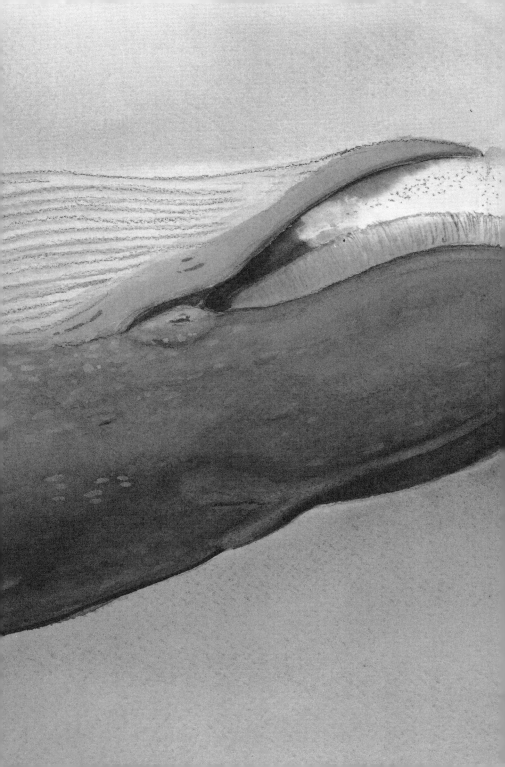

Ein riesiger Wal schwimmt in Sicht. Er hat die Form eines Zwergwals, bloß ohne die langen Furchen unter dem Kinn, die alle Schlingwale haben. Aber dieser ist größer, viel größer als ein singender Wal. Er ist lang und stark, mit blaugrau gesprenkelter Haut.

»Wow!« flüstert Deneb, als der Wal an uns vorbeischwimmt.

Selbst Onkel Orion, der Größte von uns allen, würde neben ihm klein wie ein Hering wirken. Der Riese schwimmt weiter, ohne sich umzuschauen. Die Fische, die von der rosafarbenen Wolke fressen, fliehen in Schattenbereiche. Der Wal holt nicht mit seiner Fluke zum Schlag aus. Er öffnet einfach nur sein riesiges Maul, sein Kinn bläht sich nach außen und dann schließt er das Maul wieder. Ein zweiter Schluck folgt, noch ein dritter. Von der Fischwolke ist nichts mehr übrig als ein paar verstreute rosa Dinger. Die größeren Jagdfische sind verschwunden.

Aber ich bin voller Bewunderung für das, was wir gerade erlebt haben. Mutter und Großmutter haben mir nie etwas von so einem Wesen erzählt. Ich starre es an und präge mir jedes Detail ein. Von diesem Moment werde ich den Rest meines Lebens erzählen – von der Begegnung mit dem Königslachs unter den Walen.

»Wow«, sagt Deneb noch mal, als der Wal außer Sicht ist. »Wow. Wow!« Er umkreist mich und springt hoch aus dem Wasser. »Das ist der *Wahnsinn!*«

Ich spüre das Prickeln der Luftblasen, die er ausstößt, auf meiner Haut. »Ein gutes Zeichen«, sage ich. »Wir werden unsere Familie wiederfinden. Und wir werden auch unsere Lachse finden. Ich weiß es.«

Ich hebe meinen Kopf dem dunkel werdenden Himmel entgegen. Mein Namensstern scheint hoch über mir. Ich bin eine ganze Welt entfernt von meinen Heimatgewässern, doch er scheint so hell und blau wie immer. Denebs Stern folgt meinem über den Himmelsbogen. Ich trinke die Schönheit der Nacht. Und sie nährt mich, so wie Großmutter es gesagt hat. Das Beben des Meers hat alles, was mir vertraut ist, aus seiner Form geworfen. Ich habe immer noch damit zu kämpfen, das Ganze zu verstehen. Doch der Himmel ist größer als jede Welle. Er hat eine beständige Kraft, die alles überdauert.

Ich werde den Weg finden. Ich muss.

DIE VERSCHWUNDENEN

Der König der Wale verschwindet im blaugrünen Dunst. Unglaublich! Ich dachte, der Fremde wäre schon groß, aber dieser Wal ist riesig! Ich wünschte, der Fremde wäre noch bei uns, um das zu sehen. Vielleicht finde ich ihn ja irgendwann wieder und kann ihm davon erzählen. Noch nie im Leben habe ich mich so klein gefühlt. Aber diese Art von klein fühlt sich nicht schlimm an. Denn auch wenn das offene Meer einsam und voller Leere ist, muss es ein guter Ort sein, wenn dort ein so fantastischer Wal lebt. Alles wird gut für Wega und mich. Ich hab keine Angst.

Ich gebe es zu: Ich hatte einen Augenblick Zweifel, als sie mich in den Weg des Menschenträgers führte. Aber ich habe mich in ihr getäuscht. So sehr getäuscht! Sie ist die einzige Wegfinderin, die mutig genug ist, sich in die Tiefe zu wagen – in die Tiefe der Blauen Wildnis. Kein Wegzeichen einer vertrauten Küste zeigt ihr die Richtung, und trotzdem

weiß sie, wo sie hinmuss, so wie die Wegfinderinnen aus den alten Geschichten.

Aquila hat Angst vor der Tiefe, auch wenn sie das nie zugeben würde. Selbst Mutter und Großmutter schwimmen nicht über den Rand des Kliffs hinaus. Und nun habe ich dort etwas gesehen, das nicht einmal Onkel Orion trotz seines Alters je gesehen hat! Ich fange schon mal an, mir eine Geschichte über diese Begegnung auszudenken.

Die ganze Nacht bleibe ich an Wegas Seite. Wir dämmern zusammen, als die Sonne hoch am Himmel steht, und schwimmen bis weit nach Einbruch der Dunkelheit. Wega wird unsere Familie finden. Onkel Orion hat es versprochen.

Ich habe Hunger, aber ich bin viel zu groß, um darüber zu klagen. Also lasse ich es. Leider ist es anstrengend, nicht zu klagen. So anstrengend, dass es mich noch hungriger macht. Doch Wega *wird* Lachse für mich finden. Das weiß ich genau. Sie müssen hier irgendwo sein.

Ich hatte immer gedacht, in der Wildnis müsse es Massen von Fischen geben. Ich dachte, es würde auch überall Wale, Delfine und Orcas geben. Ich horche nach ihnen, aber das Einzige, was ich höre, ist das ferne Rumpeln der Schiffe und das leise Knistern kleiner Fische, die noch kleinere Fische fressen. Und natürlich das ständige Rauschen des Windes, der das Wasser hochzieht, zu Bergen formt, dann einrollt – bis die Haut des Meers voller Schaum und Blasen ist.

Ich schicke einen Klickschwall nach unten, warte auf das Echo und warte ... und warte. Nichts. Meine Klicklaute werden vom dunklen Wasser unter uns verschluckt.

»Siehst du das?«, fragt Wega plötzlich. »Horch mal mit!«

Ich füge meine Klicks ihrem Schwall hinzu. In den zurückkehrenden Echos erkennen wir die Gestalten von Orcas. Viele.

Unsere Familie hat überlebt! Hat die Flucht ins tiefe Wasser gewagt und überlebt. Erleichterung überkommt mich wie der Schatten eines fliegenden Vogels. Sie haben überlebt! Überlebt!

Ich jage mit vollem Tempo auf die fernen Orcas zu. Doch Wega bleibt zurück. Wieso tut sie das? Ich stoße eine lange Reihe ungeduldiger Blasen aus. Dann kehre ich um, damit sie mich zu ihnen führen kann.

Aber sie tut es nicht. Sie bleibt ganz still im Wasser liegen und horcht weiter. Worauf wartet sie? Ich schwimme wieder auf unsere Familie zu. Wega folgt mir auch jetzt nicht, übernimmt nicht die Führung. Ich stoße einen Beeil-dich-Blasenschwall in ihre Richtung. Doch Wega wartet noch immer.

Ich zähle meine Atemzüge, so wie ich es Mutter habe tun sehen. Wega ist besorgt. Vielleicht glaubt sie, da draußen ist ein furchterregendes Monster. Aber was, wenn ihre Angst zu groß wird, um *irgendwo* hinzuschwimmen? Wenn sie keine Nahrung für mich findet, holt mich die Hungerkrankheit!

Meine Familie denkt immer, ich höre nicht zu, weil ich, um ehrlich zu sein, so viel schwatze. Aber ich höre zu. Selbst wenn sie glauben, ich spiele. Vor einer Fangzeit hörte ich so die ganze Geschichte von Triton und seiner Mutter. Sie verfing sich in einem Netz und er bekam sie nicht frei. Sie ging unter, und es war niemand mehr da, der ihm half, etwas zu fressen zu finden. Als endlich seine Großmutter Io kam, war er bereits schrecklich dünn; er vergaß, wie man geradeaus schwimmt, er vergaß seinen Namen und die Namen seiner Familie. Sie fütterten ihn mit jedem Bissen Lachs, den sie finden konnten, doch es war ein mageres Jahr, und es war auch einfach zu spät. Nach vielen Tagen vergaß Triton, wie man das Blasloch öffnet. Auch er ging unter.

Ich weiß, dass jedes Lebewesen am Ende untergeht. Es hat etwas Glorreiches, wenn eine Großmutter untergeht – im Licht des runden Mondes, in dem kurzen Moment zwischen dem Schieben und Ziehen des Meers, mit der ganzen Sippe um sie herum, und alle singen ihren Namen. Nein, ich habe keine Angst, unterzugehen. Aber davor, Dinge zu vergessen – wie man jagt, wie man spricht. Das ist ein schreckliches Ende. Ich schaudere und stoße einen scharfen Atemzug aus, um den Gedanken zu vertreiben.

Wega hält sich vollkommen still, bis auf das nervöse Zucken an ihren Flossen. »Sie ist klüger, als sie denkt«, hat Onkel Orion gesagt. Und das stimmt. Aber sie zweifelt an sich. Ich möchte sie anschreien. *Entscheide dich einfach!*

Doch Onkel Orion schreit nie. Ich stupse Wega an, sie soll mit mir auftauchen. Ich atme langsam und tief, damit sie es auch tut. Ich summe das tonlose Brummen, das Onkel Orion so oft summt, wenn Großmutter den Nachthimmel liest oder die Meeresströmungen erspürt. Ich reibe meinen Kopf an der zartesten Stelle von Wegas Kinn.

»Ich bin an deiner Seite«, sage ich. »Immer.«

Sie atmet aus. Dann – endlich! – entscheidet sie sich. »Wir schwimmen ein bisschen näher«, sagt sie.

Und das tun wir. Wir gleiten durch das gewaltige Dunkel der Nacht. Jedes Mal, wenn wir einen Klickschwall senden, sind die Echos immer eindeutiger orcaförmig. Jedes Mal sind es mehr. Mehr als unsere ganze Sippe. Also haben wir unsere Familie doch nicht gefunden.

»Sind das Seehundfresser, so wie der Fremde?«

»Ich glaube nicht«, antwortet Wega. »Wir haben in der Blauen Wildnis noch keine Seehunde oder Seelöwen gesehen. Keinen einzigen. Außerdem reden sie viel, so wie wir.«

»Was sagen sie? Werden sie uns wehtun?«

»Nein«, sagt Wega entschieden. »Es gibt ein Abkommen unter den Orcas, das älter als Eis ist. Kein Orca soll einen Zahn in einen anderen Orca senken oder ihm das Blasloch unter Wasser halten. Das ist nicht unsere Art.«

Es stimmt. Niemand nagt mich an. »Wer sind sie? Ich dachte, kein Orca kann im offenen Meer überleben.«

»Das frage ich mich ja die ganze Zeit«, murmelt Wega. »Könnten es die Verschwundenen sein? Vor vielen Fangzeiten, als ich mal über den Rand des Kliffs hinausschwimmen wollte, hat Großmutter mir die Geschichte einer Familie aus unserer Sippe erzählt, die vor Generationen passiert ist. Die Familie schweifte in die Wildnis und kam nie mehr zurück.«

»Glaubst du, das ist sie?«

»Finden wir's raus.« Wega vertreibt eine Blase aus ihrem Atemloch und ruft: »Ich bin Wega, Tochter von Arktura, Enkelin von Siria aus der Warmwärts-Sippe der Lachsfresser.«

Die Orcas drehen sich alle gleichzeitig um und sehen uns an. Eine große Welle von Klicklauten fliegt in unsere Richtung. Ich möchte mich hinter Wega verstecken, doch dann erinnere ich mich an Onkel Orion und schwimme neben sie, sodass sich unsere Flipper berühren.

»Ich bin Deneb ...« Vor Aufregung schlüpft eine Blase mit raus. »Deneb, Bruder von Wega, Sohn von Arktura und Enkel von Siria aus der Warmwärts-Sippe der Lachsfresser.« Mein Herzschlag ist so laut wie meine Stimme.

Eine der Mütter, die geschmeidigste und fetteste von allen, schwimmt vor. Sie wird von zwei männlichen Orcas mit

Finnen flankiert, die weit über meine emporragen. Und sie beginnt zu sprechen, langsam, als wenn sie einem Jungen eine Geschichte erzählen würde. Ich versuche, sie zu verstehen, aber am Ende vertraue ich Wega, dass sie die Bedeutung herausfindet, von Wegfinderin zu Wegfinderin.

Andere Mütter kommen vor und sprechen ein Wort in den Raum zwischen uns. Die Brüder sprechen nach den Schwestern und dann zirpen Junge und Neugeborene etwas, das wohl ihr Name sein muss.

Ich höre aufmerksam zu. Ein Junges sagt seinen Namen wieder und wieder. So wie es Altair immer macht. Ich probiere es leise aus, dann sage ich es laut. Das Neugeborene quiekt vor Freude und schwimmt auf mich zu, bläst eine babykleine Blase unter mein Kinn. Ich hebe das Kleine mit der Nase hoch und schwimme mit ihm einmal um seine Mutter. Ein erfreutes Summen steigt von den Verschwundenen auf.

»Es ist in Ordnung«, ruft Wega mir zu. »Wir dürfen mit ihnen schwimmen.«

Doch ich bin bereits fort, jage hinter dem Kleinen her und ahme seine Laute nach, während wir Seite an Seite aus dem Wasser springen.

JAGT

Ich schwimme inmitten der Orcafamilie, erleichtert, dass ich nun andere Wegfinderinnen in meiner Nähe habe. Ich wünschte, ich könnte sie verstehen, aber egal, ich kann mein Glück kaum fassen. Die Verschwundenen aus der Legende – wer sonst sollten sie sein? Eine alte Geschichte, endlich zum Leben erweckt. Und sie sind so viele! Mehr als meine ganze Sippe. Sie haben Junge und Neugeborene, nicht bloß Denebs neuen Freund, sondern viele weitere. Ich spüre einen Anfall von Neid.

Als ich das erste Mal von Mutters Schwester Andromeda und ihren Cousinen hörte, die vor langer Zeit geboren und uns dann gestohlen wurden, dachte ich mir Geschichten

über sie aus, nur für mich. Über all die Neugeboren, die sie gehabt hätten – meine Cousins und Cousinen. Ich suchte heimlich Namen für sie. Und manchmal, wenn ich spielte, versammelten sich meine erdachten Cousinen und Cousins um mich herum, laut und voller Liebe. Und alle gehörten nur mir. Für so ein Spiel bin ich inzwischen zu alt – aber nicht zu alt, um sie alle, die nie geboren wurden, zu vermissen.

Ich beobachte die Jungen. Merke, wie sie ihren größeren Schwestern folgen. Höre ihr lebhaftes Geplauder. Sehe, wie sie sich beim Schwimmen gegenseitig streicheln. Plötzlich vermisse ich Kapella wieder so sehr wie in dem Moment, als ich ihren Körper freiließ. Und ich bin wütend, dass der Schmerz über meine gestohlenen Vorfahren und ihr Verlust nicht vorbei sind, obwohl es so lange Zeit her ist. Aber nicht für mich. Nicht für meine ganze Sippe.

Ich wünschte, ich könnte mit meinen neuen Begleitern sprechen. Ich platze vor lauter Fragen. Ich probiere ein paar Worte, einfache Worte, und bekomme keine Antwort. Ich horche und horche, doch ich verstehe einfach nicht, was sie reden. Ich möchte es lernen, aber ich habe Angst, einen Fehler zu machen. Wenigstens weichen die Verschwundenen mir nicht aus. Sie erlauben Deneb und mir, zwischen ihnen zu schwimmen, als wenn wir zur Familie gehörten, und dafür bin ich ihnen dankbar.

Wir schwimmen in gleichbleibendem Tempo. Es ist das Wasser selbst, das uns zieht – eine Strömung wie das tägliche Schieben und Ziehen, aber konstant und immer in die gleiche Richtung. Vielleicht ist meine Familie ja in der gleichen Strömung auf der Suche nach mir? Immer wieder horche ich unterwegs und träume von ihnen, wenn wir anhalten, um zu dämmern.

Als der Halbmond emporsteigt, brechen die Verschwundenen wieder auf. Sie schwärmen aus, wechseln sich ab, ihren Jungen Schwimmschatten zu geben und auch dem Älteren, der nicht mehr so schnell schwimmen kann wie die andern. Sie pfeifen sich zu, um die riesige Gruppe zusammenzuhalten.

Als ihre Klicks einen großen Umriss vor uns ausfindig machen, spüre ich, wie ein erregtes Summen durch die gesamte Gruppe geht. Mit Höchstgeschwindigkeit schießen sie los.

»Eine Jagd!«, ruft Deneb. »Endlich eine Jagd!«

Sein kleiner Freund bleibt mit der Mutter zurück, aber Deneb eilt hinterher.

»Sei vorsichtig!«

Meine Stimme verliert sich in der Aufregung. Ich sende wie die andern einen Klickschwall aus und versuche, den Umriss vor uns zu erkennen, hoffe auf Lachse, bin aber bereit, alles zu fressen, egal was die andern mir helfen werden zu finden.

Wir jagen an der Wasseroberfläche entlang. Vor mir entdecke ich ein Gewirbel kleiner Fische, Futterfische, die Art, wie sie Lachse fressen. Ja! Endlich Lachse!

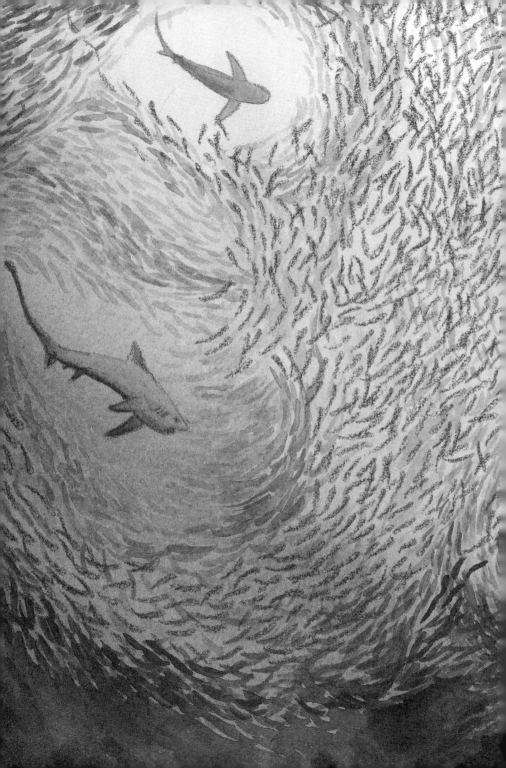

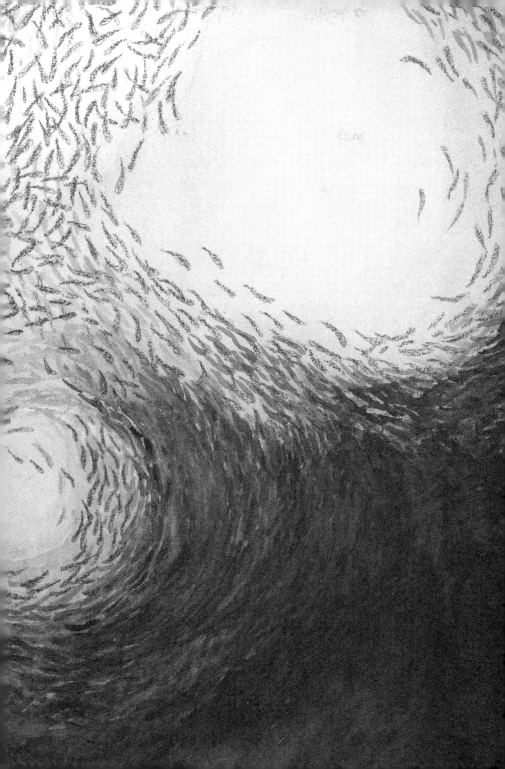

Als wir näher kommen, bemerke ich größere Fische, die die wirbelnde Beutewolke belauern. Sie sind viel zu groß für Lachse – und irgendwas stimmt nicht mit ihren Schwänzen. Die untere Hälfte hat die gewohnte Form, während die obere Hälfte lang und dünn ist, so wie ein riesiger Aal. Sie schwimmen den Rand des Fischschwarms hinauf und schlagen mit ihren Schwänzen zu. Ich sehe, wie einer den Kopf hebt und die erstarrten Fische frisst. Er hat ein mondförmiges Maul. Ein Hai! Es gibt jede Menge Haie in unseren Heimatgewässern, aber keinen mit so einem langen Schwanz. Ich habe noch nie von solchen Haien gehört, nicht mal in irgendwelchen Geschichten.

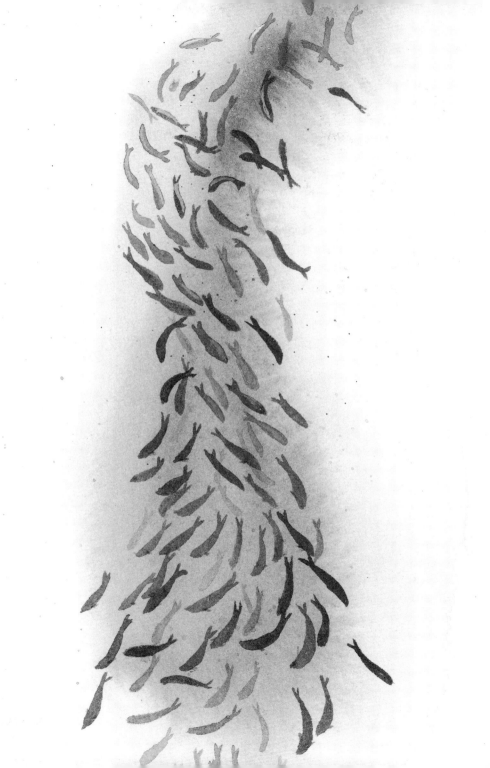

Die Wegfinderin der Verschwundenen taucht und ihre größten Schwestern tauchen mit ihr. Sie schwimmen unter die Haie, treiben sie an die Oberfläche. Die Haie sind schnell und stark und springen aus dem Wasser.
Die Jägerinnen springen ihnen nach.

Die Futterfische stieben auseinander, als die Verschwundenen die Haie angreifen.
Doch diese Haie sind keine leichte Beute. Sie wenden und schlagen zurück. Ich bin geschockt, als ich sehe, dass so ein Schlag mit dem Schwanz blutige Stellen an Flippern und Fluke hinterlässt.

Doch die Wegfinderin ist eine großartige Jägerin. Sie drückt einen Hai über die Haut des Wassers, während eine ihrer Schwestern über ihn springt und dann mit voller Wucht direkt auf ihn draufkracht. Es gibt ein lautes Knirschen und der Hai rührt sich nicht mehr.

Auf der anderen Seite von mir hat eine weitere Schwester einen Hai an der Finne erwischt. Sie schwingt seinen

Körper durch die Luft, sodass er hart auf das Wasser kracht. Einer der Onkel senkt seine Zähne in den Kopf, während ein zweiter den Schwanz abbeißt. Blut trübt das Wasser.

»Deneb! Wo bist du?«

Und dann schwenkt einer der Haie unter mir plötzlich nach oben, sein Schwanz schlägt von einer Seite zur andern. Er kommt direkt auf mich zu. Ich springe aus dem Wasser, doch als ich wieder eintauche, ist er genau vor mir.

Ich springe erneut, suche nach einem Fluchtweg. Rings um mich her brodelt das Meer von dem Kampf und ich bin im Zentrum des Sturms.

»Ich bin hier!«, piepst Deneb. Er kracht mit all seiner Kraft in den Hai.

Der Hai schießt herum, schlägt wieder mit seinem Schwanz zu – und erstarrt plötzlich, als ihm zwei der Verschwundenen tief in die Seite beißen. Noch ein kurzes Peitschen und alles ist vorbei. Die anderen Haie tauchen zusammen ab, suchen Schutz in der dunklen Tiefe. Zurück bleiben die Verschwundenen, die sich an ihrer Beute satt fressen.

Mein Herz pocht wild. Blut und schimmernde Fetzen von Haihaut treiben im aufgewühlten Wasser um mich herum.

»Die fressen Haie!«, murmele ich erstaunt.

Deneb kommt mit einem Stück Hai im Maul auf mich zu geschwommen. »Probier mal!«, sagt er. »Ich weiß, dass du Hunger hast.«

Wir fressen keine Haie, will ich fast sagen. Wir haben noch nie Haie gefressen. Aber hier sind wir. Mitten in der Wildnis. Ohne irgendwas anderes an Nahrung. Und ich war noch nie so hungrig! Schon der Gedanke an die Hungerkrankheit macht mir Angst. Wie soll ich auf meinen Bruder aufpassen, wenn ich so dünn bin, dass ich mich nicht mal an meinen eigenen Namen erinnere? Ich sehe ihn ängstlich an. Er ist so schmal und sollte doch rund und prall sein.

»Sieht köstlich aus«, lüge ich und nehme den Bissen, den Deneb mir hinhält.

Er kehrt zu dem Kadaver zurück und reißt noch mehr ab. Wir kauen und kauen. Und kauen.

»Ist ... außen knusprig«, lügt jetzt auch Deneb.

Die Haihaut reibt an meinen Zähnen wie ein Maulvoll Sand. Sie scheuert meine Zunge wund, als ich den Bissen aus dem Maul herausschiebe. Ich werfe einen Blick zu den Verschwundenen hinüber, die mit freudiger Hingabe große Bissen verschlingen. Wie machen die das?

»Friss nicht die Haut«, sage ich zu Deneb. »Denk dran, wie dich das Fell von dem Seehund innerlich bluten ließ. Die Haihaut ist bestimmt noch viel schlimmer.«

Deneb kaut immer noch. Er schwimmt langsamer. Ich halte die harte Haut zwischen den Zähnen und drehe das weichere Fleisch in seine Richtung. Er nimmt einen Bissen, dann noch einen.

»Besser«, murmelt er. »Viel besser.«

Er rekelt sich knapp unter der Wasseroberfläche. Ich reiße ein weiteres Stück ab und gebe es ihm.

»Hältst du jetzt mal ein Stück für mich hin?«, bitte ich, nachdem er seinen Teil bekommen hat. Ich sollte ihn das gar nicht fragen müssen.

»Hmm.« Deneb klingt schläfrig.

Ich stupse ihn an und endlich hält er das Stück an der harten Seite fest, damit ich die guten Bissen fressen kann. Das Fleisch ist nicht so ölig und reichhaltig wie das vom

Lachs, aber ich will mich nicht beklagen. Als ich zu Deneb zurückkehre, um noch mal zuzubeißen, dämmert er schon.

»Deneb! Ich hab dich gefüttert.«

Deneb schreckt auf, wirft mir einen wirklich reumütigen Blick zu und schläft bereits wieder, als ich gerade versuche zu fressen. Das Stück, das er mir hinhält, fällt in die Tiefe.

»Hey!«, schimpfe ich. »Wir sind eine Familie. Wir sind dazu da, einander zu helfen!«

Er schließt die Augen.

»Hörst du mir überhaupt zu?« Ich stoße ihm in die Flanke. Ein Schwall Blut fließt von der anderen Seite ins Wasser.

»Deneb?«

Panisch sende ich einen Klickschwall über seinen ganzen Körper und schwimme zu ihm.

»Deneb!«

Auf einmal sehe ich eine lange geschwungene Wunde unter seinem Flipper. Mit jeder Dünung des Meers flappt sie auf und wieder zu.

»Nein, nein! Was hast du gemacht?«

Ich presse meinen Körper gegen die Wunde und halte sie zu.

»Ich hab dich gerettet«, sagt Deneb. »So wie Onkel Orion es tun würde.«

»Du hättest mir sagen müssen, dass du verletzt bist!«
»Ich hatte Hunger.«
»Was hab ich getan?«, flüstere ich. »Oje, was soll ich nur machen?«

Ängstlich drücke ich gegen seine Wunde und halte die Ränder zusammen. Ich schiebe Deneb in klares Wasser, weg von dem Blut, das Haie und Probleme anzieht. Ich bin nicht stark genug für Probleme. Trotzdem halte ich nach ihnen Ausschau.

Die Sippe der Verschwundenen beendet ihr Mahl und schwimmt ohne uns weiter. Ich bleibe die ganze Zeit, während der Mond unter- und die Sonne aufgeht, an Denebs Seite. Den ganzen Tag bleibe ich bei ihm, bis die Sonne wieder untergeht und der Mond auf uns herabscheint. Auf zwei einsame Geschöpfe, wie kleine Sterne im endlosen Himmel.

In der Dunkelheit spüre ich etwas Großes, Schleichendes, das uns beobachtet. Stumm. Doch wenn ich mich umdrehe, sehe ich nur Schatten.

Nichts jagt uns, sage ich mir. Das hat Mutter versprochen. Aber ich weiß nicht, ob ihre Versprechen auch so weit von zu Hause noch gelten.

Ich erzähle Deneb alle Geschichten, an die ich mich erinnere, bis auf die, in denen Monster vorkommen. Tief unter uns wartet noch immer der, der uns beobachtet. Ich singe für Deneb, während er dämmert. Ich halte mich damit wach, dass ich Geschichten über die fremden Fische erfinde, die vorbeischwimmen.

Ich denke an die Erhabenheit des riesigen Wals. Ich bewundere das zierliche Schweben der Quallen und die dunkelgrauen Vögel, die auf unglaublich langen Flügeln durch die Luft schwimmen. Ich überschütte Denebs Wunde mit den lederndsten Klicks und am Morgen des zweiten Tages hält seine Haut. Die Schatten, die uns in der Dunkelheit umkreisten, sind verschwunden.

»Schwimm. Nie. Mehr. Irgendwo. Hin«, befehle ich ihm. Noch ehe er »Versprochen« sagen kann, bin ich schon eingeschlafen.

In meinen Träumen schwimme ich in den silbergrünen Gewässern der Salischen See. Die Wegfinderinnen meiner Sippe sind bei mir. Ich überschwemme sie mit allen Fragen meines müden Herzens und sie sagen: »Wir sind an deiner Seite. Immer. Immer. Immer.«

Als ich aufwache, weiß ich, was ich tun muss. Ich weiß es so genau, wie ich meinen Namen kenne.

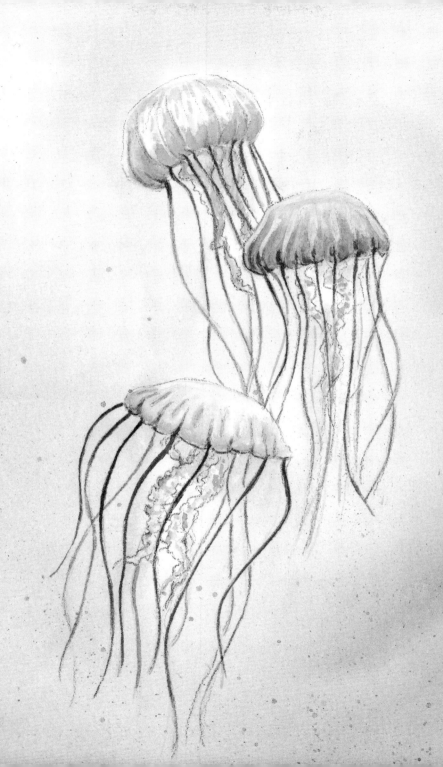

HEIMWÄRTS

»Deneb, wir schwimmen nach Hause.«

»Nach Hause?« Er sieht mich an. »Ich bin bereit«, sagt er. Früher wäre er in die Luft gesprungen und aufs Wasser geklatscht, in Kreisen um mich herumgeschwommen. Jetzt gleitet er einfach an seinen Platz in meinem Schwimmschatten und wartet darauf, dass ich ihn führe. Die Sonne geht auf und zeigt uns den Weg. Ich beobachte die Dünung der Wellen und den Druck der Strömung.

»Hier lang«, sage ich entschieden und wende mich warmwärts.

Ich weiß nicht, wie lange unsere Heimreise dauern wird, und erst recht nicht, ob wir stark genug sind, den ganzen Weg bis nach Hause zu schaffen. Tage um Tage fast ohne Nahrung liegen hinter uns. Mein Kopf – mein ganzer Körper – tut weh. Doch es gibt kein Fressen für uns in der Blauen Wildnis. Und die Wahrheit an der ganzen Geschichte, der Teil, den ich meinem Bruder nicht sagen kann, ist, dass es zu Hause vielleicht auch nichts zu fressen gibt. Aber ich werde ihn nicht hier draußen in der Wildnis, weit weg von der Salischen See und den Knochen unserer Vorfahren, untergehen lassen. Ich werde ihn heimbringen. Ich werde das Meer durchstreifen, um ihn zu füttern, und wenn es nirgends mehr etwas gibt, werde ich bis zu seinem letzten Atemzug über ihn wachen.

Wir schwimmen den ganzen Tag und die ganze Nacht lang, kämpfen immerzu gegen die Strömung. Das Meer scheint wie ausgestorben ohne die Verschwundenen. Die

grauen Vögel, mehr Flügel als Körper, ziehen über uns hinweg. Sie halten ihre Flügel ganz ruhig, neigen sich mal zu der einen, mal zu der anderen Seite und der Wind trägt sie. Ich wünschte, das Wasser wäre so leicht wie der Wind, doch die Gesellschaft der Vögel macht mir Mut. Zweimal legen Deneb und ich eine Pause ein, um zu dämmern. Schwach, wie er ist seit dem Haibiss, bleibt er an meiner Seite, ohne sich auch nur einmal zu beklagen.

Am Morgen schwimmen wir weiter in Richtung der aufgehenden Sonne. In der Hitze des Tages ruhen wir aus und lassen uns von den Strahlen wärmen. Als das Wasser ab-

kühlt, schwimmen wir weiter, wenden unsere Fluken ins Abendrot. Ich hoffe auf eine klare Nacht, damit ich den Mond sehen kann. Die letzten zwei Nächte war er halb voll. Genau das Licht, das ich brauche.

Großmutter nennt die Sonne und den Mond ihre älteren Geschwister – und ich bin dankbar für ihr Licht. Ich bin nicht klug genug, meinen Weg nur anhand der Strömung zu finden, wie Großmutter das an Nebeltagen tut. Deshalb hoffe ich auf klaren Himmel und wähle den Weg, so gut ich kann.

Spät am dritten Tag beginnt der Meeresboden, langsam zu steigen. Wir finden einen Plattfisch, der sich im Schlamm versteckt. Es ist nicht viel mehr als ein Happen für jeden. Ich versuche, Deneb den ganzen Fisch zu geben, aber er lehnt meine Hälfte eisern ab.

»Ich brauch dich«, lautet seine knappe Antwort.

Er ist während unserer Reise noch dünner geworden und ich habe ständig ein Auge auf Anzeichen von Hungerkrankheit: Verwirrung, Gedächtnisverlust und die falsche Kopf-

form. Kein Bruder würde es wagen, seine Schwester dürr zu nennen, aber ich höre mehr als einmal, wie auch Deneb meinen Bauch und meine Flanken prüft, wenn er glaubt, dass ich nicht aufpasse.

Jedes Mal murmelt er dann vor sich hin: »Okay, so weit in Ordnung.«

Ich bin mir da nicht so sicher. Ich habe mich noch nie in meinem Leben so müde gefühlt. Wie werde ich merken, wenn die Hungerkrankheit zuschlägt? Was ist, wenn ich meinem Bruder den falschen Weg weise? Der Drang, aufzugeben und nur noch zu schlafen, packt mich wie die Tentakel eines Kraken. Ich kann nichts dagegen tun, als einfach bloß weiterzuschwimmen. Ich bin sogar zu erschöpft, um auch nur drüber nachzudenken, was wir wohl vorfinden oder nicht vorfinden werden, wenn wir nach Hause kommen.

Als wir uns der Küste nähern, schaue ich über und unter Wasser nach Wegzeichen. Jeder Fluss, der ins Meer fließt, malt einen Fischschwanz-Abdruck in den Schlamm. Jeder dieser Abdrücke hat seine eigene Form, schwächer bei lang-

sam strömenden Flüssen, tiefer und länger bei großen. Der Eingang zur Salischen See hat den größten Fischschwanz von allen. Das Seebeben und die riesigen Wellen haben die Form der Abdrücke jedoch verändert – einige nur ein bisschen, andere sehr. Ich bemühe mich, die Wegzeichen zu finden, die ich von früher kenne, als ich noch dachte, sie würden immer gleich bleiben.

Ich bin überrascht, als Deneb plötzlich sagt: »Hey, ist das nicht die Insel vor dem Landende?«

Genau! Die Insel ist kleiner, als sie mal war. Ein Teil der Klippen ist abgebrochen und ins Wasser gestürzt. Ein panisches Flattern fährt mir durch den Körper. Ich hebe den Kopf. Nicht nur die Fischschwänze der Flüsse sind verändert. Überall, wo ich hinschaue, sehen die Dinge anders aus! Die Küste ist gesäumt von umgestürzten Bäumen ohne Rinde und Äste. Der Landbootweg ist leer. Ein dünner Film von Bootsblut treibt auf der Haut des Wassers und brennt mir in den Augen. Und es ist still, so still, dass ich weiter hören kann als je zuvor.

Ein Lastenträger steckt mit der Nase tief im Meeresboden, sein beißendes Ende ragt in die Luft. Ich kann seine kreisförmig angeordneten Zähne sehen, die sich aber nicht

drehen wie sonst, sondern stillstehen. Die Boxen, die der Lastenträger normalerweise auf seinem Rücken trägt, liegen nun durcheinandergeworfen im Schlamm. Manchmal verliert ein Lastenträger bei Sturm ein paar Boxen, aber ich habe noch nie gesehen, dass sich so viele lösen. Algen nehmen sie bereits in Besitz. Krebse krabbeln über die Kanten und stachelige Seeigel werden bald folgen. Die winzigen Fische, die sich im Sand einwühlen, wirbeln umher und suchen nach einer neuen Stelle zum Graben.

»Viel Glück, ihr kleinen Sandverstecker!«, rufe ich ihnen zu.

Sie ernähren unsere Lachse und sie sind das erste hoffnungsvolle Zeichen, das ich sehe. Ich höre sogar den Hauch eines Geräuschs, das die Sandverstecker machen, wenn sie eine kieselige Stelle gefunden haben, die ihnen gefällt. Und ich höre, wie sie sich mit dem Schwanz voraus eingraben. Gesehen habe ich das schon oft, aber noch nie gehört. *Wusch, wusch.* Ich höre das feine Wispern von jedem einzelnen Tier. Unglaublich!

»Sollen wir die kleinen Kerle fressen?«, fragt Deneb und versucht, begeistert zu klingen, was ihm jedoch misslingt.

»Natürlich nicht!« Ich schüttle mich. »Sei nicht albern.«

Ich sende meinen Klickschwall in einem weiten Kreis aus. Nirgends sind Netz- oder Wachboote. Selbst die winzigen Knurrer, die sonst durch die Luft fliegen und einen Wolkenstreifen zurücklassen, sind weg.

»Was ist mit den Menschen passiert?«, fragt Deneb. »Sind sie verschwunden?«

»Vielleicht haben sie Angst, so wie die Sandverstecker«, antworte ich. »Vielleicht verstecken auch sie sich.«

Ich denke lange und gründlich über unsere Lachse nach. Es ist Fangzeit, die Zeit, in der die Berge sie nach Hause rufen. Werden sie auch dieses Mal kommen? Wenn die Netzboote nicht wieder auftauchen, bleiben mehr Lachse für uns. Vielleicht.

»Wir suchen den Sammelplatz«, entscheide ich. »Wenn noch irgendwer aus unserer Sippe in der Gegend ist, dann werden sie dort nach uns suchen.«

Ich schwimme auf die Kaltwärts-Seite unseres Meeresarms zu. Das Ziehen des Wassers macht dem Schieben Platz und ich schwimme schneller.

Auch Deneb schwimmt schneller, trotz seiner Wunde, die immer noch schrecklich schmerzen muss. Seine Haut hat sich verhärtet an der Stelle, wo der Hai ihn erwischt hat, und er kann die Flossen wieder mit mehr Kraft drücken. Doch er braucht Nahrung, um ganz gesund zu werden.

»Werde ich eine Narbe bekommen?«, fragt er und wälzt sich auf die Seite, damit ich nachschauen kann. »Ob sie größer sein wird als die von Onkel Orion?«

»Du wirst eine gebogene Narbe haben. Onkel Orions Narbe ist gerade«, antworte ich.

Ich kann nicht glauben, dass er stolz auf sie ist! Immer, wenn ich sie sehe, fühle ich mich ganz furchtbar. Ich habe ihn nicht beschützt. Er hätte untergehen können, dort draußen in der Wildnis, so weit weg von zu Hause!

»Sie ist ganz schön lang«, sage ich. »Und tief. Niemand sonst in unserer Sippe hat so eine Hainarbe wie du.«

Deneb summt beim Schwimmen. Garantiert denkt er an die Geschichte seines Abenteuers und wie er sie möglichst dramatisch erzählen kann. Ich besitze nicht diese Leichtigkeit. Ich weiß nicht, ob unsere Familie überlebt hat. Und doch könnte Mutter hier sein – unsere ganze Sippe. Sie könnten direkt hinter der nächsten Landzunge sein, hinter der nächsten Insel. Und Ausschau halten, genau wie ich.

Als wir uns dem Sammelplatz nähern, rufe ich: »Ich bin Wega, Tochter von Arktura, Enkelin von Siria aus der Warmwärts-Sippe der Großen Lachsfresser.« Meine Stimme tönt über die stille See.

»Ich bin Deneb! Bruder von Wega, Sohn von Arktura und Enkel von Siria aus der Warmwärts-Sippe der Großen Lachsfresser!«

Seine kleine Finne durchbricht die Wasserhaut, und er stößt das höchste *Tschaaaah* aus dem Blasloch, das er schafft – so wie es die Onkel immer tun, um unsere Anwesenheit zu verkünden. Ich könnte weinen. Er ist so klein und gibt sich so große Mühe!

Ich hebe das Kinn und schwinge meinen Kopf von einer Seite zur andern, um noch die leisesten Geräusche aufzufangen. Wir sind jetzt in seichtem Gewässer und das vertraute Zwicken und Knabbern der Krebse und Seeigel steigt von den Felsen unter uns hoch. Das ferne Stöhnen eines Schaufelwals klingt herüber. Ich durchbreche die Oberfläche, schaue über das Wasser und höre die Seehunde, die sich am Ufer anknurren. Dann gleite ich wieder ins Wasser zurück, immer noch horchend.

Schließlich und nur ganz schwach höre ich: »Ich bin Aquila, Tochter von Nova, Enkelin von Siria.«

Und dann: »ICH! Ich bin ich!«

GEFUNDEN

»Aquila!«, rufe ich.

Ich schwimme mit aller Kraft los, die mir geblieben ist, und mache mir nicht mal Sorgen, ob Deneb mithalten kann. Ist das wirklich Aquila? Als meine Cousine in Sicht kommt, springe ich vor Freude. Aquila! Sie lebt!

»Wega! Du hast uns gefunden.« Aquila reibt ihren ganzen Körper mit einem Schauer der Erleichterung an meiner Flanke.

Ich blicke mich um, doch ich sehe nur Altair. Er streckt mir seinen kleinen Flipper entgegen, aber ich suche nach Mutter und Großmutter, Onkel Orion und Tante Nova. Nach allen.

»Danke«, seufzt Aquila. »Danke, dass du zu mir zurückgekommen bist.«

Ich erwidere ihre Stupser und suche weiter nach meiner Mutter. Jeden Moment wird sie auftauchen! Alle werden sie auftauchen. Aquila wäre niemals so mutig, ihre Familie zu verlassen. Aber da ist nur Altair. Er ist so schön glatt und fett, wie ein Junges sein soll, doch Aquila ist schrecklich mager. Der Glanz ist aus ihren Augen verschwunden. Ich sehe Streifen von Milch aus Altairs Maul rinnen. Aquila hat ihn also genährt. Ihr Sohn ist kräftig geblieben, aber um einen schlimmen Preis.

»Du bist hier«, murmelt Aquila. »Ich wusste, du würdest kommen.«

Ich bemerke, dass sie suchend über meinen Rücken hinwegschaut, genau wie ich über ihren. Deneb stürmt mitten in uns hinein.

»Aquila! Altair! Ich hab euch gefunden!«

Er schwimmt Kreise um uns herum und klatscht freudig mit dem Schwanz aufs Wasser. Altair ist sofort an seiner Seite und macht, so gut er kann, große Geräusche. Aquila blickt immer noch über uns hinweg, unseren Meeresarm entlang in Richtung des offenen Ozeans.

»Wega ...«, fängt sie an.

»Es sind nur wir zwei, Deneb und ich«, sage ich leise.

Ich weiß nicht, was ich sonst sagen soll. Tut mir leid reicht nicht annähernd. Mir schmerzt das Herz. Ich habe mich an die zerbrechliche Blase meines Muts geklammert, einen ermüdenden Tag nach dem andern. Ich habe mir vorgestellt, wie meine Familie mit mir schwimmt. Habe an Mutters Kraft, Großmutters Klugheit, die Tapferkeit meiner Tanten gedacht. Ich muss sie bloß finden, habe ich mir gesagt. Dann würden sie für alles Weitere sorgen.

»Ich dachte, unsere Familie wäre bei dir«, sagt Aquila.

»Und ich dachte, sie wäre bei dir.«

Noch vor ein paar Fangzeiten waren wir Spielgefährtinnen, wir balancierten Algen und Seegras auf unseren Köpfen und forderten uns gegenseitig heraus, einen Tintenfisch abzulecken oder mit Schweinswalen um die Wette zu schwimmen. Ich fange an, mir den Weg vorzustellen, den wir nun vor uns haben und der wesentlich herausfordernder und gefährlicher sein wird als alle unsere Kinderspiele. Aquila ist älter als ich. Eigentlich müsste sie die Führung übernehmen, aber sie ist so schrecklich dünn. Sie hat nicht die Kraft, uns zu führen. Womöglich hat sie nicht mal mehr die Kraft, ihrer Wegfinderin zu folgen.

»Ruh dich jetzt aus«, summe ich, während ich sie mit dem

heilendsten Klickschwall tröste, den ich zu senden weiß. Dabei will ich weinen. Ich will schlafen. Ich will meine Mutter! Ich habe schon so viel getan. Ich will, dass jetzt jemand anderes den Weg findet.

Altair untersucht Denebs neue Narbe und lauscht mit ehrfürchtiger Neugier der Geschichte unserer Abenteuer. Ich male mir Deneb im Alter aus – als der älteste Bruder einer riesigen Sippe, mit hoch aufragender Finne, einer verwegenen Narbe, vielleicht etwas knarrend im Rückgrat, aber immer noch in der Lage, Geschichten für die Jungen zu erfinden, die sich bei jedem Treffen um ihn versammeln. Ich liebe ihn. Ich liebe ihn wie die Weite des Meers, die aufgehende Sonne, meine eigene Haut und die Stimme meiner Mutter.

Ich kann Aquila nicht vorwerfen, dass sie Altair gesäugt hat, dass sie alles abgegeben hat, was sie hatte. Ich hätte das Gleiche getan; jede Mutter hätte das. Aber ich kann mich auch nicht vor der Wahrheit verstecken: Die Hungerkrankheit wird für Aquila kommen. Es dauert nur noch ein paar Tage. Wenn ich keine Lachse finde, werde ich sie verlieren.

»Wo sind unsere Mütter hin?«, frage ich leise.

»Auf dem Weg in die Tiefe«, antwortet Aquila. »Wir alle waren dorthin unterwegs, doch als die große Welle kam ... Ich habe meinen Sohn verloren ...« Ihr ganzer Körper zittert bei der Erinnerung. »Ich bin ihm nach. Ich habe sie verlassen, um Altair zu suchen. Wieder und wieder kamen die Wellen, aber ich habe nicht aufgegeben.«

»Und du hast ihn gefunden!«, sage ich. »Ganz allein.«

»Doch dann konnte ich Großmutter, Tante Arktura und Onkel Orion nicht mehr aufspüren. Ich wusste nicht, wohin. So bin ich schließlich hierhergekommen.« Sie nickt in Richtung der beiden Felssäulen, die sich am Ende des Sammelplatzes erheben. Die Spitze der einen liegt zerstört im Sand. Ich sehe Prellungen und Schürfmale, wo Aquila von all den Dingen getroffen wurde, die die Wellen mitbrachten. »Ich weiß, dass unsere Familie hierherkommen wird, wenn sie ...« Aquila zittert wieder.

»Wenn sie überlebt hat«, sage ich. Ich schaue mich noch einmal um, immer noch in der Hoffnung, dass Mutter und Großmutter jeden Moment auftauchen. Felsbrocken, Bäume und Netzboote liegen am Grund unserer Sammelstelle. Das Wasser hat einen sauren Geschmack.

»Wo sind die Lachse hin?«, frage ich.

»Ich weiß nicht«, stöhnt Aquila. Sie schaukelt hin und her in ihrem Elend. »Ich habe ein paar vom offenen Meer her kommen sehen, aber ich bin nicht stark genug, sie zu jagen, nicht allein. Altair hat Hunger. Was wenn ...?«

Sie erträgt es nicht, den Satz zu Ende zu sprechen, doch wir wissen beide, dass ihr die Hungerkrankheit als Erstes die Milch nehmen wird und danach das Gedächtnis.

»Ich werde es nicht zulassen«, sage ich.

»Weder heute noch sonst irgendwann.«

Altair und Deneb spielen mit einem Stück Netz, so sorglos, wie Jungwale sein sollten.

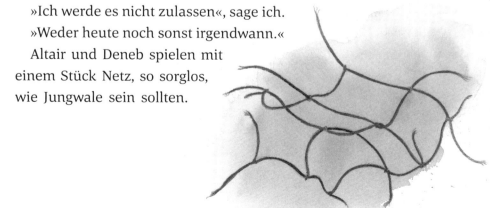

Ich spüre eine Welle von neuem Kampfesmut in mir aufsteigen wie einen Wintersturm.

Ich werde euch nicht untergehen lassen, verspreche ich lautlos. *Ich werde so weit gehen wie nötig und töten, was immer ich muss, um euch am Leben zu halten.*

Ich drehe mich zu Aquila um, doch in Gedanken sehe ich Kapella, wie sie sein würde, wenn sie ganz ausgewachsen wäre. »Du bist nicht allein«, sage ich entschlossen.

Ich umkreise den Sammelplatz und denke nach. Unsere Familie muss sich irgendwo hinter dem großen Kliff aufhalten. Aquila hätte sie sonst zurückkommen hören, besonders jetzt, da das Wasser so still ist. Ich will umkehren, ins offene Meer jagen, meine Mutter finden und mich ihrer Führung anvertrauen, wie ich es mein ganzes Leben lang getan habe.

Aber.

Aquila ist zu schwach für die Strömungen. Deneb *und* Altair brauchen mich jetzt. Es ist niemand anderes da, um sie zu führen.

»Wo sollen wir hin?«, fragt Aquila. »Unser Lachs kann überall sein.«

Ich spüre, wie meine Zweifel von Neuem wachsen. Was,

wenn ich mich falsch entscheide? Doch diese Zweifel sind ein Felsklotz, den ich nicht mit mir herumschleppen darf. Ich darf nicht ängstlich sein. Nicht jetzt. Dafür habe ich es zu weit geschafft.

»Die Berge rufen den Lachs«, sage ich.

Ich hebe den Kopf aus dem Wasser und wende mich in die Richtung, wo die Sonne aufgeht. Die Berge sind noch da, trotz des Bebens.

»Der größte Berg wird am lautesten rufen, so wie auch der größte Wal die lauteste Stimme hat«, erkläre ich.

Ich erinnere mich an den Berg mit der flachen Spitze, den höchsten von allen. Andere Berge werden grau in der Hitze der warmen Zeit, aber dieser hat immer eine weiße Kappe und leuchtet.

»Das ist er«, sage ich. »Großmutter hat ihn die Mutter der Flüsse genannt. Er ist der größte von allen. Dort werden wir unseren Lachs finden.« Nun habe ich eine Entscheidung getroffen – und wenn es die falsche ist, trage allein ich die Schuld.

»Weißt du den Weg?«, fragt Aquila. »Was, wenn wir uns verirren?«

Ich verlasse mich auf meine Erinnerung, die ich an die

warmwärtigen Gewässer habe. Lachse sind immer gekommen. Die Flüsse hinaufzuschwimmen, das ist ihr Leben. Ich schiebe all meine Zweifel beiseite und schlucke meine Ängste hinunter.

»Wir müssen es versuchen.«

»Wega ist klüger, als sie denkt!«, verkündet Deneb mit einer Stimme, die Onkel Orion gut nachahmt. »Ich werde ihr überallhin folgen«, ergänzt er und schwimmt an meine Seite.

»Folgen! Folgen!«, piepst Altair. Er stupst seine Mutter an und schmiegt sich dann an mich.

»Ich bin müde«, sagt Aquila. »So müde! Aber wenn du den Weg weißt, folge ich dir.«

»Der Wind ist an unseren Flossen«, sage ich leise. »Ich werde dich nicht zurücklassen.«

Ich nehme den Platz der Wegfinderin ein und führe die, die von meiner Familie übrig geblieben sind, von unserem Sammelplatz in Richtung der Berge – hoffe ich. In Richtung Fressen – hoffe ich. Sicher bin ich mir nicht in alldem. Doch ich weiß, ich muss es versuchen.

HUNGER

Wega führt uns vom Sammelplatz fort. Aquila gleitet in die Position in ihrem Schwimmschatten, die sonst meine ist.

»Hey!«

Ich will sie gerade wegstupsen, damit wir so schwimmen können, wie wir es immer getan haben – ich in Wegas Schatten und Altair mit Aquila. Doch als ich in ihre Nähe komme, sehe ich die geschwollene Beule an ihrem Körper, dort, wo sie von etwas Riesigem und Schwerem getroffen wurde, und eine zweite Beule weiter den Rücken hinab. Unten am weißen Teil ihres Bauchs hat sie eine Prellung.

»Hey was?«, schnauzt Aquila, die schon wütend auf mich ist, obwohl ich noch gar nichts Falsches getan habe.

»Ähm ... hey, Altair«, sage ich. »Sollen wir unterwegs einen Kraken fangen?«

»Ja?« Altair schaut zu seiner Mutter und dann zu mir zurück.

»Die sind ziemlich schwierig zu fangen«, ergänze ich.
»Und gefährlich!«

»Ooooh!« Altair kommt an meine Seite und sendet sofort seinen kleinen Klickschwall in alle Richtungen.

»Du wirst ein großer Krakenfinder werden!«, erkläre ich ihm. Ich setze zu meiner besten Krakengeschichte an und hoffe, dass ich das Richtige für ihn gefunden habe – etwas, das hilft.

Aquila seufzt und klingt jetzt mehr müde als sauer.

»Bleibt dicht bei mir«, sagt Wega.

Wir schwimmen langsam und machen oft eine Pause. Ich will endlich Lachse finden. Ich will mit Höchstgeschwindigkeit durchs Wasser fliegen und bereits da sein. Aber meine Narbe fühlt sich nicht so toll an, wie sie aussieht. Jeder Abwärtsschlag mit der Fluke lässt die gerade geheilte Haut wieder schmerzen. Und es ist schwerer zu schwimmen, wenn kein größerer Orca mich in seinem Schatten mitzieht.

Ich singe für Altair, weil ich selbst Ermutigung brauche. Er stimmt mit seiner zirpenden Stimme ein: »Seite an Seite! ... Finne! ... Fluke!«

Wega nennt die Wegzeichen, wenn wir an ihnen vorbeikommen, doch ich erkenne nicht eines von ihnen wieder.

Alte Felssäulen sind umgestürzt. Ein Gewirr von entwurzelten Bäumen treibt vorbei. Riesige Algenstrünke gleiten durchs tiefe Wasser, fortgerissen aus dem Meeresboden. Gewaltige Schlammmassen bedecken Orte, die früher felsig waren. Sandige Küstenstreifen sind dagegen bis auf den nackten Felsgrund fortgespült.

Raben, Adler und Bären, die großen Fresser toter Dinge, tummeln sich an den Ufern. Und was das Merkwürdigste ist: Das Wasser liegt vollkommen still da. Ein kleines Windboot kreuzt knapp vor uns. Ein paar Libellenboote kriechen an uns entlang. Sonst bewegt sich überhaupt nichts.

Wega und Aquila rufen ihre Namen und horchen auf Antwort. Anfangs kommt nichts zurück. Im Laufe des Morgens hören wir jedoch zwei Delfine und das verwirrte Knurren und Schnaufen von Seehunden, die nach ihren Algenwäldern suchen.

An einer flachen Stelle machen wir Pause, um auszuruhen. Wega und Aquila stecken die Köpfe zusammen und reden. Ausnahmsweise wird Aquila diesmal nicht besserwisserisch und Wega schwimmt nicht wütend davon. Gemeinsam klären sie unseren weiteren Weg.

Ich vermisse Onkel Orion mehr denn je. Ich versuche, so unerschütterlich wie er zu sein, ein ruhender Pol in einem treibenden Meer. Doch ich fühle mich weder standhaft noch stark. Ich schaffe es kaum, wach zu bleiben.

Auch Altair ist müde. Er sticht gegen Aquilas Milchstellen, aber es kommt nichts heraus.

»Huuuuuuunger«, winselt er.

Ich schiebe ihn von Aquila weg und schaukle ihn zwischen meinen Flippern. Er ist so erschöpft, dass es nur einen kurzen Moment dauert, bis er eingeschlafen ist. Ich dämmere neben ihm. Als ich wieder aufwache, geht die Sonne unter, und ich höre die Wegfinderinnen streiten.

»Ich kann nicht«, wimmert Aquila wie ein Baby. »Ich bin nicht stark genug.«

»Doch, das bist du«, sagt Wega. Sie lässt ihre Stimme fester und tiefer klingen, so wie Großmutter. »Wir sind schon so weit gekommen.«

»Nicht mal die Hälfte der Strecke«, jammert Aquila, kein bisschen getröstet. »Und bald haben wir auch noch das Ziehen des Meers gegen uns.«

Sie dürfen jetzt nicht aufgeben! Das lasse ich nicht zu! Ich wecke Altair und schiebe ihn in meinen Schwimmschatten. Meine Narbe schmerzt, aber ich tue so, als ob nichts wäre.

»Ich bin bereit!«, verkünde ich und gebe Altair einen Stups.

»Bereit«, ruft er wie mein Echo.

»Sieh nur«, sagt Wega stolz. »Sie sind bereit.«

In der zunehmenden Dunkelheit schwimmen wir weiter, jetzt noch langsamer als vorher. Als das Ziehen des Meers das Schieben ablöst, finden wir eine stille kleine Bucht zum Ausruhen. Der Mond wird jede Nacht runder und heller. Ich sehe ihn als Versprechen: Irgendwo gibt es Fressen – und meine Schwester wird uns hinführen.

Wega untersucht jeden von uns auf Anzeichen von Hungerkrankheit. Bis jetzt sind wir nur sehr dünn, haben noch keine falsche Form. Dann ruft sie ihren Namen durch die leere See. Wir heben beide unser Kinn, um noch die leisesten und fernsten Geräusche einzufangen, horchen, ob unsere Familie zurückruft. Sie ruft nicht, trotzdem bin ich stolz auf meine Schwester, die Wegfinderin der mächtigsten Sippe des Meers!

Ich schwimme an ihre Seite und stupse sie an. »Ruh dich aus!«, sage ich. »Ruh dich aus und lass mich aufpassen.«

Zu meiner Überraschung willigt sie ein, schließt sich Aquila und Altair an, gleitet an die Wasseroberfläche und atmet mit ihnen im Einklang. Ich wache über meine Familie, während der Mond groß und orange emporsteigt. Ich passe auf sie auf, als er gelb wird und schließlich weiß. Als das Ziehen des Meers vom Schieben abgelöst wird, wecke ich sie.

Wir schwimmen in die langen, engen Rinnen des Warmwärts-Bereichs. Hier leben viele Menschen und sie sind laut, laut, laut! Aber heute ist alles unheimlich still. Dort, wo sonst ihre Boote am Ufer ruhen, herrscht nun ein einziges Chaos. Boote liegen übereinandergetürmt oder mit dem Bauch nach oben. Landboote sind von ihren Wegen gefallen – sie jagen nicht mehr hin und her wie sonst, sondern ruhen verlassen auf dem Rücken oder der Seite. Gewöhnlich schwimmen wir eilig an den Orten vorbei, wo so viele lärmende Menschen leben. Doch jetzt sind die Kästen gegeneinander geneigt, ihre Außenhaut ist aufgerissen, sodass man zwischen ihren Knochen hindurch die aufge-

hende Sonne sehen kann. Rauch steigt in die Höhe und malt einen Schmutzfleck an den Himmel.

Wir schwimmen noch langsamer. Allmählich erkenne ich Dinge wieder, die kleine Biegung dort und dann die größere mit der hohen Brücke. Adler und Habichte kreisen tief über dem Wasser, die Greifer ausgestreckt, bereit für die Jagd. Aquila hört ganz auf zu schwimmen und lässt sich vom Schieben des Meers weitertragen. Als wir zu einer Seitenrinne kommen, senden wir einen Klickschwall hinein, um nach Lachsen zu suchen. Wega ruft ihren Namen. Wir ruhen aus und warten auf Antwort.

Kein Lachs. Keine Antwort.

Aquila seufzt und sagt nichts. Aber sie gibt Wega einen Stups, um ihr Mut zu machen, und Wega übernimmt erneut die Führung. Altair ist so müde, dass er im Zickzack schwimmt. Ich schiebe ihn zwischen mich und Aquila, damit er uns nicht verloren geht. Seehunde ziehen vorbei. Selbst Otter sind jetzt schneller als wir unterwegs. Ich höre das Gezwitscher und Gequieke eines Schweinswals. Als er in Sicht kommt, sehe ich, dass seine glatten grauen Flanken übersät sind von Kerben und Schnitten, doch er sendet wieder und wieder einen Klickschwall aus auf der Suche nach etwas zu fressen. Er gibt sein Bestes, genau wie wir.

»Viel Glück, kleiner Wal«, sage ich zu ihm, als er vorbeischwimmt.

Wir lassen uns vom Schieben des

Meers an einer Insel vorbeitreiben und danach an der nächsten.

»Fast da«, sagt Aquila. »Wir dürfen jetzt bloß nicht aufgeben.«

Sie stupst Wega erneut an und wir schwimmen weiter. Und schließlich erscheint die Mutter der Flüsse am Horizont, der mächtigste Berg von allen, ganz schneebekrönt. Es müsste hier, wo der Fluss aus dem Berg ins Meer fließt, am weichen schlammigen Grund eine riesige Seegrasweide geben. Doch das Seegras ist fort. Nur ein paar Fetzen treiben schimmernd im Wasser.

Der Schlamm ist fortgespült und weit und breit nur noch kahler, kieseliger Grund übrig.

Dort, wo der Fluss sein sollte, bewegt sich ein Schwarm. Adler kreisen darüber. Ein Seelöwe und die Mütter seiner Familie schwimmen an uns vorbei – nur Muskeln und Hauer. Auch Seehunde sind unterwegs. Lauter Lachsfresser. Irgendetwas passiert da oben. Auch Wega sieht es. Sie hält nicht an, um Atem zu holen. Sie wartet nicht mehr auf Aquila.

»Ich nehme dich auf den Rücken, Altair«, sagt Wega. Sie schießt unter ihn und hebt ihn hoch. Dann jagt sie in Richtung der Flussmündung.

»Sind sie dort?«, fragt Aquila. »Ist es wirklich wahr?«

»Ich denke, sie sind es!«, rufe ich. »Los!«

Wir sausen Seite an Seite, alle Müdigkeit plötzlich vergessen, an der letzten Insel vorbei ... und ja. Ja! Da sind sie. Chinooks – die Könige unter den Lachsen. Versammelt zu einem wirbelnden Mond wie riesige Heringe.

Wega jagt in den Schwarm hinein, Aquila an ihrer Seite. Sie fängt einen Lachs und bringt ihn zu mir zum Teilen, aber ich habe bereits meinen eigenen gefangen. Einen großen! Ich schlinge ihn runter, spüre das Bersten des Öls in meinem Maul, das so befriedigende Knacken der Knochen, das köstliche Knistern der Haut.

Das ist Fressen, das sich richtig anfühlt in meinem Magen. Nahrung, für die ich geboren wurde. Noch nie habe ich so viele Lachse an einer Stelle gesehen. Sie sind fett und schwer. Ich fresse mich voll, erst zehn, dann noch zwanzig Fische mehr. Auch Wega und Aquila fressen sich satt. Wir füttern Altair. Ganz benommen bin ich endlich von dem Gefühl, satt zu sein. Ich wusste, dass Wega es schaffen würde. Sie ist die Königin der Wegfinderinnen. Nie wieder werden wir Hunger leiden!

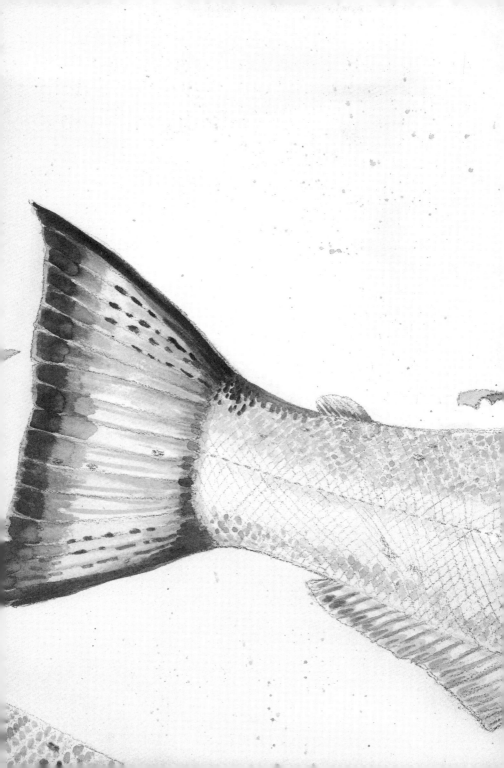

LACHS

Ich unterbreche unsere Jagd nur ganz kurz, um ein tiefes *Tschaaaah* des Danks auszustoßen. Sie sind mir gefolgt. Sie waren erschöpfter, verletzter und trauriger als jemals zuvor in ihrem Leben. Aber sie sind mir trotzdem gefolgt.

Ich hatte daran gedacht, aufzugeben, als die Wegzeichen so anders aussahen als in meiner Erinnerung. Ich wollte aufgeben, als wir die entwurzelten Algenwälder und die Strände sahen, von denen der Sand bis auf den nackten Felsgrund fortgespült war. Ich wusste nicht, dass ich die Kraft hatte, weiterzuschwimmen. Aber hier sind wir. Endlich etwas, das normal ist in einer Welt, die auf dem Kopf steht.

Ich beobachte meine Familie mit einem Anflug von Stolz. Ich habe Fressen für sie gefunden – wie eine wahre Wegfinderin. Sogar Altair hat selbst etwas gefangen. Wir haben das hier zusammen geschafft! Wir, die Jüngsten unserer Sippe, haben unseren Lachs gefunden.

Um uns herum schnappen sich andere Jäger ihren Teil – Seehunde, Seelöwen, Adler. Sie fressen so viel, wie sie können, und trotzdem fliehen die Lachse nicht den Fluss hinauf. Etwas regt sich in meinem Gedächtnis.

»Achte auf das Wasser. Was das Wasser berührt, berührt uns alle.«

Die Erinnerung an die Worte meiner Mutter schrillt in mir wie eine Warnglocke. Lachse sind nie so leichte Beute. Irgendetwas stimmt nicht!

Ich suche den Schlamm nach dem breiten Fischschwanz ab, der die Flussmündung anzeigt. Aber der Boden ist weggespült bis auf das blanke Geröll. Ich suche am Ufer nach der Öffnung des Flusses. Suche nach dem Druck des Flusswassers, der gegen meinen Körper presst. Schließlich hebe ich den Kopf aus dem Meer. Und da sehe ich: Wo einmal eine Mündung war, liegt jetzt ein Wirrwarr aus abgeknickten Bäumen, Felsbrocken und Landbooten. Ich springe, um über das Wirrwarr hinwegschauen zu können. Dahinter, dort, wo es einmal Wiesen, Bäume und mehr Vogelnester gab als Sterne am Himmel, erstreckt sich jetzt ein riesiger flacher See. Alles steht unter Wasser.

Ich drehe mich wieder zu dem Lachsschwarm um, der inzwischen kleiner geworden ist. Ein Seelöwe beißt direkt vor mir tief in einen Fisch hinein. Der Lachs platzt auf und Tausende rötlich-oranger Eier schießen heraus und wirbeln herum wie winzige Blasen. Für einen Augenblick tanzen sie im sonnenbestrahlten Wasser, dann sinken sie in die Dunkelheit.

Ihr Anblick trifft mich wie ein Blitzschlag. Lachse wandern durch die Flüsse zu den Bergen hinauf, um dort ihre Babys zu kriegen. Auch sie sind Wegfinder. Sie schwimmen aus der Blauen Wildnis durch die Salische See bis in die hinterste Gegend, um die Mündung dieses Flusses zu finden. Aber jetzt ist ihr Weg blockiert.

Kein Fluss, keine Jungen.

Ich spüre ein Ziehen in mir von Tausenden winziger Leben, die nie geboren werden. Sie sind nicht meine Sippe, nicht meine Familie. Und doch wird ohne sie alles verloren sein, was ich liebe.

Ich drehe mich hektisch im Kreis. Wohin ich auch schaue, werden Lachse vertilgt.

»Deneb! Halt!«

»Halt?«, fragt er und schlingt schnell den Lachs, den er gerade gefangen hat, als Ganzes hinunter. »Wieso?« Eine Wolke silberner Schuppen schimmert um seinen Kopf. Sie fallen durchs Wasser wie Regen. »Was hab ich getan?«

»Aquila!«, rufe ich. Aber Aquila steckt tief in der schwindenden Masse von Lachsen und frisst panisch einen Fisch nach dem andern. Hunger ist das Einzige, was sie hört.

Mir wird schlecht, so als wenn ich Steine geschluckt hätte. »Deneb, wir müssen aufhören zu jagen und die Lachse zu ihrem Heimatfluss bringen. Wenn wir sie alle fressen, werden sie niemals ihre Babys bekommen.«

Deneb hört auf. Er sieht mich an. »Wenn du alles frisst,

machst du aus dem Meer eine Ödnis«, sagt er. »Das hat Mutter immer gesagt.«

»Ja. Sie brauchen den Fluss.«

»Welchen Fluss?«

Ich verstehe nicht, warum der Fluss verschwunden ist. Aber ich weiß, es ist nicht richtig. Flüsse fließen ins Meer, so dauerhaft, wie die Sterne über den Nachthimmel ziehen, immer in dieselbe Richtung.

Ich springe, um erneut über das Wirrwarr zu schauen, das die Mündung des Flusses versperrt. Es sind Boote auf dem riesigen See dahinter, lange Boote mit einem Schnabel vorn wie ein großer Vogel. Die Langboot-Reiter! Auch sie sind Lachsjäger. Sind sie auf dem Weg, sich ihre Beute zu holen? Immer wieder springe ich und beobachte sie, krank vor Angst.

Bald stehen sie oben auf den Trümmern. Einige haben Stöcke mit einem großen Zahn am Ende. Sie holen aus und beißen in die umgestürzten Bäume. Lösen Äste aus dem Gewirr. Stoßen mit ihren langen Stöcken Felsbrocken heraus. Ich habe noch nie Menschen so etwas tun sehen, aber ich verstehe, dass sie versuchen, die Flussmündung zu öffnen.

Doch der Trümmerhaufen ist dicht und schwer und sie sind bloß Menschen. Ich schwimme an der Sperre entlang und sende meinen Klickschwall hinein, suche nach einer Stelle, die man durchbrechen kann. Die Trümmer liegen überall gleich dicht, nur einige Bereiche sind felsi-

ger, andere voller umgestürzter Landboote. Die sind sicher schwer zu bewegen. Ein Stück weiter finde ich jedoch eine Stelle, die fast nur aus Bäumen mit Schlamm und Sand dazwischen besteht. Bäume schwimmen und Wasser kann Schlamm wegschieben.

»Wir müssen den Fluss öffnen!«, rufe ich Deneb zu. »Versuch es mal hier.«

Deneb nimmt einen Ast zwischen die Zähne. Der Ast bricht ab. Er versucht es noch einmal. Der Ast bricht erneut und der Stamm hat sich kein bisschen gerührt.

»Wir brauchen Hilfe«, sage ich.

Ich rufe Aquilas Namen, aber sie ist noch immer tief versunken in die Jagd und hört mich nicht. Ich eile zurück zu den Menschen, überlege, wie ich ihnen erklären kann, dass sie kommen sollen. Niemand von uns denkt, dass Menschen sprechen können.

Ich springe, um auf mich aufmerksam zu machen. Sie schauen von ihrer Arbeit hoch, doch nur kurz. Ich beobachte sie genau und wähle die Menschin mit dem perlenfarbenen Haar aus. Die andern hören auf sie. Wenn sie auf etwas zeigt, gehen sie hin.

Eine menschliche Wegfinderin! Perfekt!

»Hier lang!«, rufe ich. »Wir brauchen eure Hilfe. Unsere Lachse sterben, wenn ihr nicht kommt!«

Die menschliche Wegfinderin hört mich nicht.

»Beeilt euch!«, rufe ich.

Sie arbeitet weiter mit ihren Gefährten. Ich schnappe einen Lachs am Schwanz und zeige ihn ihr. Dann werfe ich ihn dort, wo sie steht, auf das Gewirr. Sie beugt sich hinab, nimmt den Lachs in ihre Greifer und trägt ihn auf die andere Seite der Sperre, wo sie ihn vorsichtig ins Wasser setzt. Dann dreht sie sich wieder um und schaut mir direkt ins Auge.

Ich schwimme zurück zu Deneb und der Stelle mit den

Bäumen, bleibe jedoch an der Oberfläche, damit sie mich deutlich sieht.

Sie folgt mir.

Ich führe sie zu der schwachen Stelle. Dann nehme ich einen Baumstamm ins Maul und ziehe. Er rührt sich nicht. Ich lege meinen Kopf dagegen und schiebe mit aller Kraft. Die Menschin stochert mit ihrem Stock im Schlamm. Sie wedelt mit ihren Flippern und ruft ihre Gefährten. Und die anderen kommen!

Ich beobachte, wie sie ihnen zeigt, wo sie hinsollen und was sie tun müssen. Schnüre kommen zum Vorschein. Die Menschen wickeln sie um die Baumstämme. Einige packen die Schnüre und ziehen. Deneb und ich schwimmen unter die Stämme und schieben. Wir hören die Menschen beim Arbeiten singen, und alle beugen sich in dieselbe Richtung, um ihrem Zug die Kraft vieler Ziehender zu geben.

Als ich wieder hochkomme, um Luft zu holen, sehe ich weitere Boote, lange und kleine, die über den gefluteten Fluss gleiten. Weitere Menschen beteiligen sich an der Arbeit. Einige haben Stöcke mit einem Rabenschwanz am Ende. Sie schieben das Ende in den Sand und lockern den Schlamm, der die Bäume festhält, schaufeln ihn hoch. Ich schwimme unter die Sperre, um nachzuschauen. Der erste Stamm löst sich – doch ein größerer liegt darunter.

Mehr Schnüre. Weiterziehen.

Deneb nimmt einen kleinen

Stamm zwischen die Zähne und rüttelt ihn frei. Die Menschen rufen und klatschen ihre Greifer zusammen, als er ihn wegschleppt. Ich tauche, um die Sperre von unten zu betrachten, und finde den Stamm, den sie zu lösen versuchen. Er ist ziemlich massiv und eingekeilt zwischen zwei Felsbrocken. Ich lege meine Stirn an die flachere Seite des einen Steins und drücke. Er rührt sich nicht.

»Ich helf dir«, sagt Deneb und legt ebenfalls seinen Kopf an den Stein, kann ihn jedoch auch nicht bewegen.

»Er steckt zu tief im Sand«, sage ich.

Ich drehe meine Flossen in Richtung des Stamms und bewege sie schnell auf und ab. So entsteht ein Wasserwirbel, der den Sand aufwühlt und fortträgt. Als der Sand weg ist, sehen wir, dass der Stamm sich durch

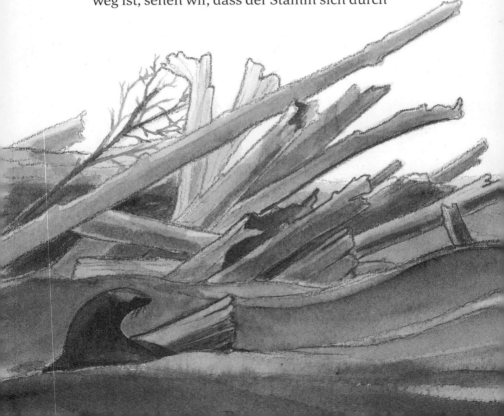

das Ziehen der Menschen biegt. Sie verkeilen ihn nur noch fester!

»Sie müssen aufhören!«, sage ich zu Deneb. »Wie bringen wir sie dazu, aufzuhören?« Es wäre so viel leichter, wenn Menschen vernünftig reden könnten.

»Menschen werden nicht gerne nass«, sagt Deneb. Er jagt in Richtung Oberfläche und springt direkt neben den Menschen aus dem Wasser. Im Flug dreht er sich auf die Seite und klatscht mit voller Wucht zurück. Seine Welle spritzt über die Menschen. Sie lassen die Schnur los.

»Jetzt!«, ruft Deneb.

Ich lege erneut den Kopf an den Felsbrocken und schiebe mit aller Kraft. Er schwankt. Ich wirble noch heftiger mit den Flossen und er schwankt stärker. Deneb zwängt sich neben mich und zusammen rollen wir den Felsbrocken frei.

Ein Zittern geht durch die ganze Sperre. Ich spüre lauter winzige Wasserschübe durch die dicke Schicht aus Sand, Schlamm und Geröll sickern, die der Felsbrocken festgehalten hat. Die Menschen oben schütteln das Wasser ab. Sie

heben die Schnur wieder auf. Und sie singen auch wieder, ziehen noch fester. Die Sperre zittert stärker und stärker. Die Menschen schaufeln den Sand und die Kiesel weg. Der See hinter der Sperre drückt ächzend gegen das Wirrwarr.

»Deneb!«, rufe ich. »Aquila! Altair! Verschwindet!«

Ein Stoß, fast so stark wie ein Seebeben, lässt die Trümmer erneut erzittern. Sie knarren und schuddern unter dem Druck des Wassers. Der größte der Baumstämme löst sich und setzt die Kraft des Flusses frei. Das Wasser schiebt und spült den Sand und Schlamm weg. Es wirbelt durch eine Lücke, die sich mit jedem Schlag meines rasenden Herzens ein Stück weiter öffnet. Die Menschen lassen die Schnur fallen. Sie schreien. Heben ihre Greifer hoch. Springen in die Luft. Und dann reißt das Wasser die Trümmer direkt unter ihren Füßen fort.

»O nein!«, stöhnt Deneb. »Menschen sind doch nicht dafür geschaffen, nass zu werden!«

Gerade als er das sagt, bricht eine schlammige Wasserwoge durch die Sperre. Ein Spalt öffnet sich. Ich drücke die Augen und mein Blasloch zu, als eine Sturzflut aus kieseligem Wasser mich umwirft und die Haut wund kratzt. Es gelingt mir, mich wieder zu strecken, und ich ringe nach Luft. Wo ist meine Familie? Ich suche die Oberfläche nach ihren Finnen ab. Deneb springt vor mir hoch und Altair tanzt im wirbelnden Wasser.

»Aquila!«, rufe ich.

Der Seelöwe brüllt frustriert, weil die Sturzflut sein Festmahl beendet hat. Er ruft die Mütter seiner Sippe zusammen und bringt sie am nächstgelegenen Felsenufer in Sicherheit. Dort schütteln sie sich unter knurrendem Protest den Schlamm aus ihrem Fell. Seehunde folgen ihnen und sogar die Adler suchen Schutz vor den Wogen.

Die Lücke in dem Trümmerchaos wird breiter und der Fluss immer stärker, bis der riesige See hinter der Sperre wie ein mächtiger Sturm herausströmt.

SIPPE

Unsere Lachse wenden sich wie ein Fisch dem Ruf des Berges zu. Sie kämpfen gegen die Kraft des Flusses, um dem Berg zu antworten.

»Nein!«, jammert Aquila. »Was, wenn wir die Lachse nie wiederfinden?«

»Wenn wir heute alle fressen, werden wir auf ewig hungern!«, sage ich. »Wir werden aus dem Meer eine Ödnis machen!«

Aber Aquila hört mich nicht. Die Hungerkrankheit ist seit Tagen hinter ihr her. Ein einzelner guter Fang kann ihre Angst nicht auslöschen. Sie jagt den Lachsen durch die Lücke in den Trümmern nach. Die Kraft des Wassers reißt die Sperre immer weiter auf; Wasser, Schlamm, Äste, Wurzeln und ganze Bäume rauschen hindurch.

Ich ringe nach Luft und strecke meinen Flipper nach Altair aus, doch er ist nicht mehr neben mir. Das Meer ist voller kaputter Dinge, die in rasendem Tempo vorbeischwimmen. Die Geschwindigkeit der Wellen und das Rollen der Steine unter mir überdröhnen alles. Ich hebe den Kopf über das aufgewühlte Wasser. Altairs kleine Finne hüpft in einiger Entfernung auf und ab. Er wird auf die Inseln an der anderen Seite des Wasserwegs zugeschoben. Wenn ihn die Strömung zu weit treibt, werde ich ihn vielleicht nie wiederfinden.

»Altair!«, rufe ich. Ich stürze hinter ihm her, doch dann fällt mir Aquila ein.

Ich kann nicht beide retten.

Deneb schwimmt eilig an meine Seite. »Such du Aquila!«, schreit er. »Ich hol Altair.« Er schießt in Richtung der Inseln davon und ruft den Namen seines Cousins.

Ich wende mich um und suche Aquila. Der Druck des Wassers peitscht mir entgegen, als ich mich durch die Lücke in der Sperre winde. Lachse flimmern auf beiden Seiten von mir auf, ihre gesprenkelten Leiber tauchen aus dem trüben schlammigen Wasser und sind schon wieder verschwunden. Ich schwimme mit aller Kraft gegen die Flut an. Stämme, Steine und Sachen, für die ich keinen Namen habe, krachen in mich hinein und werden Richtung Meer gespült.

Schließlich entdecke ich ein Stück weiter vorn den Bogen von Aquilas Finne. Enten, die von der Strömung erfasst wurden, quaken und flattern und fliegen dann tief übers Wasser davon. Ein erschöpfter Zwergwal klammert sich

an einen Baumstamm, zitternd vor Schwäche. Ich sehe erneut Aquilas Finne, jetzt nahe der Krone eines Baums – der Krone eines Baums? Wenn das Wasser weiter sinkt, werden wir stranden! Verloren auf trockenem Land.

»Aquila!«, schreie ich.

Es ist sinnlos. Sie kann mich nicht hören. Die Strömung rollt über mich hinweg. Äste zerkratzen mir die Haut. Ich drücke Augen und Blasloch zu und verliere jedes Gefühl, wo es flussaufwärts geht. Meine Flossen berühren den Grund, ich stoße mich ab und blinzle den Schlamm aus meinen Augen. Wo ist Aquila? Ich schwinge den Kopf von einer Seite zur andern. Der Baum. *Da!*

»Du musst die Lachse ziehen lassen!«, rufe ich und presse meinen Körper gegen ihren. Halte sie über Wasser, damit sie atmet. Ich habe alles für die Lachse getan, was ich konnte. Jetzt muss ich meine eigene Familie retten. Ich kreise um Aquila herum, damit sie so schnell wie nur möglich mit mir zurück Richtung Meer schwimmt.

»Wir werden verloren sein. Wir werden Hunger haben!«, jammert Aquila.

Ich fühle ein Echo ihrer Panik in meinem eigenen Körper, aber aus anderem Grund: Die Flüsse steigen jedes Jahr an, wenn die kalte Zeit endet und die Regengüsse heftig werden, doch noch nie habe ich so viel Süßwasser erlebt wie heute. Nie. Sein Gewicht zieht uns nach unten. Ich kämpfe dagegen an, um mein Blasloch über Wasser zu halten. Die Kraft der Strömung wälzt uns beide wieder und wieder herum. Meine Flossen streifen von Neuem den Boden. Mein Herz pocht wild. Ich spüre, dass das Wasser flacher wird. Wir müssen zurück ins Meer!

»Altair braucht dich!«, rufe ich Aquila zu. »Komm mit!«

»Altair!«, ruft sie. »Wo ist er?«

»Hier lang!« Ich schwimme mit Aquila an meiner Seite in Richtung der Sperre. Jetzt treibt uns der Wasserdruck vorwärts. Ein Baumstamm schießt an uns vorbei, eine seiner Wurzeln erwischt mich und reißt mir am Rücken die Haut auf. Der Stamm jagt auf die Öffnung zu, verfängt sich jedoch in den Trümmern. »Schnell!«, schreie ich.

Ich fürchte, hier gefangen, eingeschlossen, von unserer Familie und dem salzigen Wasser des Meers getrennt zu werden. Felsbrocken, die unter uns über den Grund rollen, lassen den Boden erzittern. Wir jagen durch die Lücke wie der Schaum auf einer Welle.

Als wir durch die Öffnung der Sperre brechen, brennt plötzlich überall dort, wo meine Haut aufgerissen ist, das Meersalz. Aber das ist mir egal – ich bin frei!

»Wo ist er?«, ruft Aquila.

»Folg mir!« Ich schwimme in Richtung der Inseln, wo ich Deneb und Altair zuletzt gesehen habe. Ich sende einen Klickschwall, aber das Meer ist ein einziges tosendes Chaos aus Trümmern. Ich springe, um über Wasser zu schauen.

»Wieso hast du ihn verlassen?«, schreit Aquila.

Panik steigt wie ein Gift in mir hoch. Ich sende noch mal einen Klickschwall, aber nichts Orcaförmiges taucht in seinem Echo auf. Ich darf die Jungen nicht verlieren. Auf gar keinen Fall! »Deneb«, flüstere ich innerlich. »Wo bist du hin?«

Da erinnere ich mich, wie wir das letzte Mal in einer solchen Gefahr waren – als die Riesenwellen kamen. Sobald das Allerschlimmste vorbei war, wollte er helfen. Ich schwimme zu der Sperre zurück, dahin, wo die Menschen fortgespült wurden. Und wirklich: Zwei kleine Finnen bewegen sich in Richtung der Menschen.

»Deneb!«, rufe ich.

»Altair!« Aquila jagt auf die beiden zu.

Ich spüre, wie die Erleichterung über mich hinwegflutet. Im nächsten Moment bin ich neben ihnen. Deneb hat einen Menschen über seine Nase gehängt und stupst ihn in Richtung der anderen, die noch auf festem Grund stehen. Ein anderer Mensch klammert sich an Denebs Finne. Altair hat den Flipper eines dritten Menschen zwischen seinen kleinen Zähnen.

»Festhalten! Festhalten!«, singt er selig.

»Wir helfen«, sagt Deneb.

Mein Bruder. Ich bin stolz auf ihn. Und erleichtert *und* wütend, dass er mir so eine Angst eingejagt hat. Ich könnte ihn beißen. Aber das tue ich nicht.

Aquila stupst Altair.

»Mama!« Er lässt den Menschen los, um seine Nase an ihr zu reiben.

»Ich bin jetzt hier«, sagt Aquila zu ihm. »Ich werde immer bei dir sein.«

Altair schmiegt sich an seine Mutter. »Und ich bei dir«, zirpt er.

Ich schwimme an Denebs Seite, hebe den zappelnden Menschen hoch, den Altair hat fallen lassen, und bringe ihn zu den andern, die ihn aus dem Wasser ziehen.

»Menschen haben die falschen Flipper zum Schwimmen«, sagt Deneb, als wir uns davonmachen. »Ich verstehe nicht, wieso sie überhaupt ins Wasser gehen.«

Das Schieben des Meers weicht dem Ziehen und wir lassen uns von ihm aus den

aufgewühlten Gewässern der Flussmündung hinaustragen. Wir treiben so lange, bis wir eine stille Bucht finden, eine, die fast unberührt von der Zerstörung ist. Dort ruhen wir aus. Jeder Muskel tut weh. Ich blase Kiesel aus meinem Blasloch und blinzle Schlamm aus den Augen. Jedes Stück aufgerissene Haut brennt im reinen Meerwasser. Aber unsere Bäuche sind voll. Endlich.

Deneb und Altair erfinden ein Spiel mit Stöcken und Seegras. »Was ist, wenn wir keine weiteren Lachse finden?«, fragt Aquila leise. »Was, wenn wir wieder Hunger kriegen?«

Deneb saust an uns vorbei, Altair direkt hinter ihm. »Wega weiß mehr, als sie denkt!«, ruft er.

»Mehr, mehr!«, zirpt Altair. Er wackelt mit den Flippern, als wenn er sich gar nicht an die Probleme erinnerte, die wir überwunden haben. Ich weiß nicht, wie die Jungen es schaffen, schwere Zeiten so einfach hinter sich zu lassen. *Meine* Sorgen kleben an mir wie lauter Seepocken.

Ich recke mich und lege einen Algenwedel über Aquilas verletzte Flanken. Sie seufzt. Wie gleiten an die Oberfläche und lassen uns von der Sonne wärmen.

»Du hast den großen Wellen getrotzt«, sage ich. »Und du hast überlebt! Dein Sohn hat überlebt. Das wird als Geschichte in die Ewigkeit eingehen.«

Auch Aquila bringt mir ein langes Stück Tang und zieht es langsam über meine Schnittwunden und Prellungen. Es lindert das Brennen. Ich brumme zufrieden.

»Es war falsch von mir, an dir zu zweifeln«, sagt Aquila. Sie nickt in Richtung Deneb und Altair, die inzwischen zu einem neuen Spiel gewechselt sind, bei dem sie über die Finne des andern springen. »Ich vermisse es, so wie sie zu sein. Ich wollte, dass du so lange wie möglich ein Junges bleibst.«

Ich habe immer gewusst, dass sie nur das

Beste für mich wollte. Ich wusste das sogar, als mich ihr Schimpfen besonders gequält hat. Doch der Schmerz ihrer harten Worte lässt bereits nach.

Wir treiben in der Strömung. Es ist lange her, dass ich mich satt genug fühlte, um wirklich auszuruhen. Die Nachmittagsschatten strecken sich über das Wasser und ich nehme die Schönheit auf wie Nahrung, wie Luft. Selbst mit vollem Bauch sättigt es mich, den blaugrauen Vogel zu sehen, der im seichten Uferwasser steht und so still wie ein Stein darauf wartet, dass Fische vorbeikommen. Der Glanz auf dem Wasser erzeugt ein gewelltes Bild von ihm, das auf dem Kopf steht. Darunter sehe ich die purpurn und orange leuchtenden Seesterne, die langsam ihres Wegs zwischen Steinen und Seegras ziehen.

So viel hat sich verändert, aber manches ist doch immer noch gleich.

»Glaubst du, wir werden unsere Mütter je wiederfinden?«, fragt Aquila.

»Ja, das glaube ich«, sage ich vorsichtig, denn ich will ihr kein Versprechen geben. »Auch sie suchen nach uns.«

Ich sehe die Form meiner Heimatgewässer vor mir. Es gibt dort viele Flüsse, große und kleine. Zu den meisten schwimmen Lachse. Ich plane bereits unsere Wanderung.

»Wir werden unseren Lachs suchen«, sage ich. »An all den Orten, die unsere Mütter uns gezeigt haben.«

»Ich werde uns nie wieder Hunger leiden lassen«, sagt Aquila entschlossen. »Nie wieder!«

»Du wirst meine Jägerin sein und ich deine Wegfinderin. Und wir werden das Meer durchstreifen, um unsere Mütter und Großmütter, unsere ganze Sippe zu finden.«

»Sie können überall sein«, sagt Aquila.

»Ich weiß, aber ich werde nie aufgeben.«

Ich rufe nach Deneb. Er kommt zu mir und Altair folgt ihm, treu wie ein Schatten. Nur einen Augenblick schaue ich noch mal zurück. Die Menschen stehen auf festem Boden zusammen, das Wasser sinkt und die Lachse wandern den Fluss hinauf. Die Menschen recken ihre Greifer dem Himmel entgegen. Ich höre sie singen.

Doch dann wende ich den Blick dem Horizont zu und richte meine Gedanken auf das lange und gefährliche Abenteuer, das vor uns liegt in diesem wilden und geheimnisvollen Meer, das ich glaubte so gut zu kennen. Ich bin dankbar und sogar hoffnungsvoll. Wir schwimmen zusammen fort – Seite an Seite und Finne an Fluke.

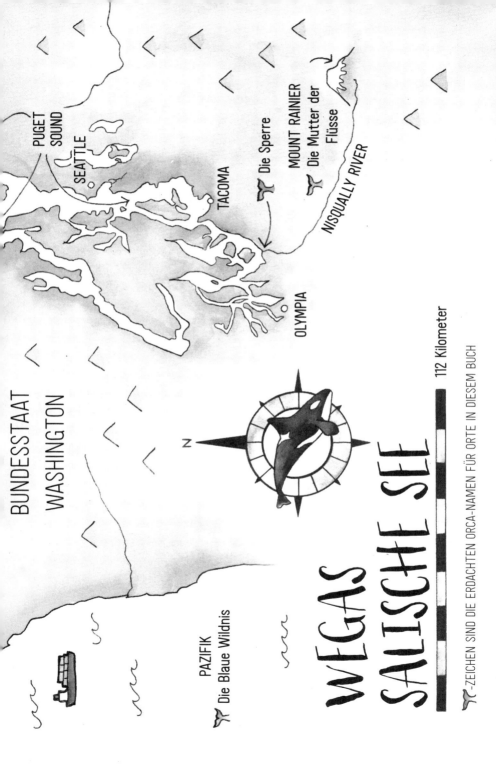

Die »Warmwärts-Sippe«

Die auch als *Schwertwale* bekannten Orcas sind gesellige Tiere, die in allen Weltmeeren leben. Jede Wal-Sippe hat ihre eigenen Beutetiere und Jagdstrategien. Wegas Geschichte ist nicht von einem einzelnen Orca inspiriert, sondern von der gesamten Wal-Gemeinschaft der Salischen See, die einen Teil des Jahres in den landeinwärts liegenden Gewässern an der Westküste Nordamerikas verbringt. Deshalb werden sie auch *südliche ortstreue Orcas* oder *Residents* genannt. Sie zählen zu den stadtnächsten Walarten, da an den Ufern der Salischen See mehr als acht Millionen Menschen leben.

Die südlichen Residents teilen ihr Zuhause mit den *nördlichen ortstreuen Orcas,* die sich, wie ihre südlichen Nachbarn, von Fisch ernähren, hauptsächlich von Lachsen. Auch wenn die nördlichen Residents viel mit den südlichen gemeinsam haben, sprechen sie doch nicht die gleiche Sprache und haben auch keine Kontakte untereinander.

Noch eine dritte Gruppe von Schwertwalen lebt in der Salischen See: Sie werden *Bigg's Orcas* oder – im Unterschied zu den ortstreuen – *wandernde Orcas (Transients)* genannt. Auch sie sprechen ihre eigene Sprache und lassen sich nur mit ihresgleichen ein. Die Bigg's Orcas fressen keine Fische, sondern jagen Seehunde, Schweinswale und andere Meeressäuger – sogar große Wale.

Außerdem gibt es noch eine im offenen Meer lebende Schwertwal-Gemeinschaft, die zwar entfernt mit den südli-

chen Residents verwandt ist, sich aber in Sprache und Jagdmustern unterscheidet. Über diese sogenannten *Offshore-Wale* ist sehr wenig bekannt, weil sie sich hauptsächlich im Pazifischen Ozean aufhalten und dort nur schwer aufzuspüren sind. Sie schwimmen meistens in großen Gruppen und fressen vor allem Kraken und Haie.

Auch wenn ich mir in meiner Geschichte eine kurze Verbindung zwischen den verschiedenen Schwertwal-Gemeinschaften habe einfallen lassen, ist die Entschiedenheit, mit der Orcas Tiere anderer Gruppen meiden, für Wal-Beobachter äußerst auffällig. Auseinandersetzungen zwischen verschiedenen Gemeinschaften sind aber höchst selten.

Über Orcas

Leben · Orcas haben eine ähnliche Lebenserwartung wie Menschen. Es dauert mindestens zwölf Jahre, bis sie ausgewachsen sind. Im Alter von 15 bis 20 Jahren beginnen sie mit dem Kinderkriegen, und wenn sie die 40 überschritten haben, ist es damit vorbei. Man schätzt, dass Orcas bis zu 90 Jahre alt werden, vielleicht sogar 100.

Gemeinschaft · Auch wenn viele Tiere ihre Jungen füttern, gibt es doch nur wenige, die so wie die Orcas ein Leben lang ihre Nahrung mit der Familie teilen.

Größe · Orcas sind die größten Tiere aus der Familie der Delfine, eine Unterfamilie der Zahnwale. Mit fünf bis acht Metern Länge sind Orcas ungefähr so groß wie ein Triceratops.

Schnelligkeit · Orcas jagen mit erstaunlicher Geschwindigkeit: Im Sprint bringen sie es auf ca. 50 km/h. Sie können bis zu 300 Meter tief tauchen, verbringen allerdings die meiste Zeit näher an der Oberfläche. Pro Tag können sie bis zu 150 Kilometer zurücklegen.

Jagt · Orcas, die Säugetiere fressen, können einen ausgewachsenen 900 Kilo schweren Seelöwen erlegen. Manchmal schleudern sie einen Seehund oder Schweinswal, den sie gejagt haben, komplett aus dem Wasser. Doch trotz all ihrer Masse und Muskelkraft sind sie überraschend geschickt: Es wurde beobachtet, wie Orcas Algen oder Seegras pflücken und damit spielen – und sogar mit etwas so Kleinem wie einer Feder.

Die Sprache der Orcas

Orcas kommunizieren untereinander mit Rufen und Pfeiflauten, die durch das Zusammendrücken der aus den Blaslöchern kommenden Luft gebildet werden – und zwar mit zwei Stimmlippen *(phonischen Lippen),* die es ihnen sogar ermöglichen, mit vollem Maul zu »sprechen«. Auf die gleiche Weise entsteht auch der Klickschwall zur Echoortung. Die *Klicklaute* genannten Ultraschalltöne werden von der *Melone* gebildet, einer Masse an fetthaltigem Gewebe, die dem Orca seine charakteristische Stirn gibt. Die Melone funktioniert wie eine Geräuschlinse: Die Ultraschalltöne bewegen sich so durch die Linse und wieder hinaus wie Wellen in einem Teich. Sie prallen von Gegenständen, zum

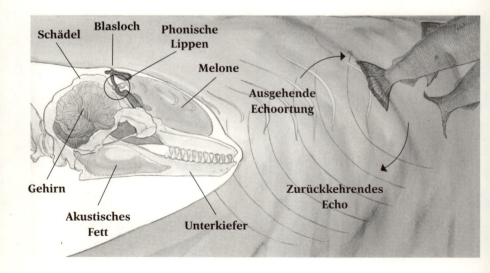

Beispiel Fischen, ab und kehren als Echo zum Orca zurück. Der nimmt es über seinen Unterkiefer auf, von dort wird es an das Innenohr und Hirn übertragen, das es wiederum in die Form des angepeilten Gegenstands umwandelt.

Orca-Zähne

Das ist ein Orca-Zahn in Originalgröße. Die Zähne sind beeindruckend scharf und können mit Leichtigkeit auch durch die widerstandsfähigen Felle von Seehunden und Seelöwen beißen. In der gesamten Menschheitsgeschichte gibt es allerdings kein einziges Zeugnis darüber, dass ein wilder Orca je einen Menschen verletzt hat.

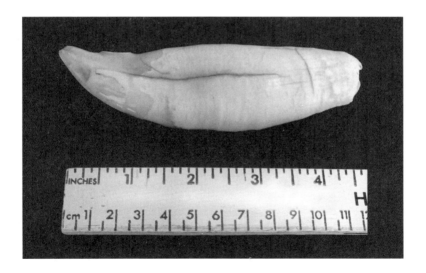

Familienleben

• In Orca-Gemeinschaften haben die Mütter das Kommando, sie führen die Gruppe an. Die meisten Orcas der südlichen Residents verbringen den größten Teil ihres Lebens mit ihren Müttern – das gilt für Söhne und Töchter. Die Gemeinschaft setzt auf das Gedächtnis und das Orientierungsvermögen der *Matriarchin,* also der Leitmutter, um Lachse zu finden und Gefahren zu meiden.

• Diese ausgedehnten Orca-Familien werden *Schulen* genannt. Wenn es wenig Beute gibt, kann sich eine Herde in kleinere Gruppen aufspalten, doch wenn ausreichend Lachse da sind, sammeln sich die Orca-Schulen. Traditionell kehrten die südlichen Residents für die Zeit der sommerlichen Lachswanderung alle in die Salische See zurück. Sie begrüßten einander mit begeistertem Zirpen und Pfeifen. Manchmal bildeten sie beim ersten Wiedersehen eine Reihe und schwammen so aufeinander zu, ehe sie sich mischten, einander zärtlich berührten, gemeinsam sprangen und ins Wasser zurückklatschten. Diese Sommertreffen sind seltener geworden, seit die Lachswanderungen deutlich geringer ausfallen.

Lachse

- Lachse spielen eine entscheidende Rolle in der Salischen See. Sie bringen Nährstoffe aus dem offenen Meer in die Flüsse und zu den Bergseen, in denen sie geschlüpft sind, zurück. Auf ihrem Weg dorthin ernähren sie viele andere Tiere – und selbst die Bäume der Wälder. Lachse sind von Futterfischen wie Stinten und Heringen abhängig, die wiederum von Plankton leben. All diese Lebewesen brauchen klares, kaltes und sauerstoffreiches Wasser.

- Die heutigen Lachswanderungen umfassen deutlich weniger Fische als in der Vergangenheit und die Tiere sind zudem viel kleiner als noch vor wenigen Generationen. Lachse sind genau wie die Orcas durch die globale Klimaerwärmung und Umweltverschmutzung bedroht. Sie wurden überfischt, und viele Dämme blockieren den Zugang zu den Bächen, in denen sie früher ihre Eier legten. Deshalb müssen Bäche und Flüsse wieder in ihre alte Form zurückgebaut, das heißt renaturiert werden. Glücklicherweise engagieren sich inzwischen viele Menschen, besonders die indigenen Völker – also die Ureinwohner, die um die Salische See siedeln –, für gesündere Lebensräume für die Lachse.

Die ersten Völker der Salischen See

Die Salische See ist das Meeresgebiet zwischen Vancouver Island in Kanada und dem US-Bundesstaat Washington. Es umfasst die Juan-de-Fuca-Straße, die Straße von Georgia und den Puget Sound. Der Name stammt aus der Sprache der Küsten-Salish, einem Volk, das noch heute wie schon seit Tausenden von Jahren an den Ufern lebt. Mehr als sechzig Stämme im US-Bundesstaat Washington und der kanadischen Provinz British Columbia nennen die Salische See ihre Heimat. Auch wenn jeder Stamm seine eigene Geschichte und seine eigenen Traditionen hat, teilen sie doch viele gemeinsame kulturelle Bräuche. Sie alle zeigen einen tiefen Respekt vor dem Wasser und der Erde. Ihr ganzes Leben wird traditionell von der regelmäßigen Wiederkehr der Lachse bestimmt.

Seit nunmehr 30 Jahren richten die Völker der Salischen See eine jährliche Kanureise aus, eine der größten indigenen Zusammenkünfte in ganz Nordamerika. Eingeladen werden Stämme aus allen kanu-bauenden Kulturen des Pazifikraums: die Ureinwohner aus Kanada und Alaska, aus Hawaii und Papua-Neuguinea, die Maori aus Neuseeland und viele andere. Über mehrere Tage im Sommer versammeln sie sich in der Heimat des jeweiligen Gastgebervolkes. Es gibt Begrüßungen in jeder Stammessprache, Festmahle,

Gesänge und Tänze, Kanurennen und religiöse Zeremonien. Und man tauscht Informationen über die Geschichte, aber auch über moderne Umweltprobleme aus.

Die Stämme der Salischen See waren einflussreiche Vorkämpfer für den Schutz und die Renaturierung des Binnenmeers. Sie haben Forschungen betrieben, sich für einen kontrollierten Umgang mit den Rohstoffen eingesetzt und viel Zeit und Mittel in den Rückbau zerstörter Flüsse und die Entfernung von Dämmen gesteckt, die die Lachse am Wandern hindern.

Viele der Salish-Stämme nennen Orcas ihre Verwandten. Die Orcas können von Glück reden, solch fachkundige Fürsprecher zu haben.

Wegas Lebenraum

Wega und Deneb sind Hunderte Kilometer durch die Wasserwege, Meeresarme und Buchten der Salischen See geschwommen, über den Rand des Festlandsockels und in das tiefe offene Meer hinaus, ehe sie in ihre Heimatgewässer zurückkehrten.

Binnenmeer

Die **Salische See** ist eines der größten und biologisch vielfältigsten Binnenmeere der Welt. Sie liegt an der Küste von Washington State in den USA und British Columbia in Kanada. Das Meer besitzt 419 Inseln und rund 670 Kilometer Uferlänge. Seit sich die Gletscher der letzten Eiszeit zurückzogen und tiefe Fjorde, wie Walrücken geformte Inseln und ein Netz aus Flüssen hinterlassen haben, lebt das Volk der Küsten-Salish an den Ufern.

Die Flüsse schieben beständig nährstoffreichen Schlamm in die Salische See. Und die Nährstoffe aus dem Schlamm bilden die Grundlage für ein Nahrungsnetz, das Tausende wirbelloser Meereslebewesen, Fische, Vögel und Säugetiere umfasst, einschließlich der acht Millionen Menschen, die an den Küsten leben.

Der **Pazifische Riesenkrake** ist der größte Krake der Welt. Er kann fast neun Meter groß werden, gemessen vom Ende des einen Tentakels bis zum Ende eines anderen. Die Saugnäpfe an den acht Beinen dienen sowohl zum Greifen als auch zum Tasten und Riechen. Ein Krake hat drei Herzen und neun Gehirne – ein Zentralhirn und je eines in den acht Beinen. Kraken sind Einzelgänger, hochintelligent und können sich perfekt tarnen.

Der **Grauwal** ist ein Bartenwal, er ernährt sich also, indem er sein Fressen durch lange Hornplatten *(Barten)* im Maul filtert. Grauwale sind darauf spezialisiert, kleine Flohkrebse aus dem Schlamm und Schlick des Meeresbodens aufzuwirbeln. Jedes Jahr wandern die Grauwale von ihren Winter-Futtergründen in der Arktis zu ihren Sommer-Kinderstuben in Niederkalifornien (Mexiko). Mit 15 000 bis 20 000 Kilometern ist das die längste Wanderungsroute aller Säugetiere der Welt. Weil Grauwale nahe der Küste wandern, ist ihre herzförmige Fontäne *(Blas)* leicht vom Strand aus zu sehen. Auf dem Höhepunkt des kommerziellen Walfangs gab es nur noch knapp 2000 Tiere. Doch heute sind es wieder über 25 000 und sie stehen nicht mehr auf der Liste der gefährdeten Arten – eine echte Erfolgsstory.

Trottellummen verbringen den größten Teil ihres Lebens auf dem Meer. Die Vögel sind ungeschickte Flieger, aber unter Wasser ungemein flink. Sie jagen alle möglichen Arten von kleinen Fischen, darunter Heringe, Sardellen und Stinte. Lummen gehen nur im Frühjahr an Land, wo jedes Paar bloß ein Ei legt. Zum Brüten drängen sie sich an steilen Klippen und kahlen Felsen zusammen. Nester bauen sie nicht, vielmehr legen sie die gesprenkelten Eier direkt aufs Gestein. Die Eier sind an einem Ende spitz, sodass sie im Kreis rollen, wenn sie versehentlich angestoßen werden. Dadurch kullern sie nicht von der Felskante.

Heringe, Sardellen, Stinte und **Sardinen** sehen alle sehr ähnlich aus und sind etwa 25 cm lang. Sie schwimmen in großen Schwärmen. Man nennt sie *Beutefische,* weil sie als Futter für größere Fische wie Lachs und Heilbutt, für Seevögel wie Trottellummen und Papageientaucher und für Meeressäuger wie Seehunde, Schweinswale und

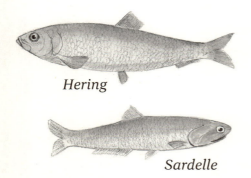

Hering

Sardelle

andere Wale gelten – und natürlich auch für Menschen. Weil sie so vielen weiteren Lebewesen als Nahrung dienen, heißt ihre Überlebensstrategie, riesige Mengen von Eiern zu legen.

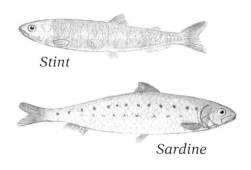

Stint

Sardine

Seegras wächst in sogenannten *Wiesen,* die in den Flussmündungen gedeihen, wo sich Süß- und Salzwasser mischen. Ihre Wurzeln helfen, den sandigen und schlammigen Boden zu stabilisieren. Seegraswiesen versorgen Vögel mit Nahrung, weil viele kleine Beutefische dort ihre Eier legen und Krebse, Seesterne, Muscheln, Schnecken, Seeanemonen und Seeigel ein Zuhause finden. Gleichzeitig bieten sie Junglachsen einen günstigen Ort zur Umstellung von ihrem anfänglichen Leben in Bächen und Flüssen auf die Zeiten im Meer. Seegras kann helfen, die Versauerung der Meere zu reduzieren, und nimmt, ähnlich wie die Regenwälder, Kohlendioxid auf. So ist es von großer Bedeutung im Kampf gegen die globale Erwärmung.

Festlandsockel

Um die Mündung der Salischen See liegt ein Meeresschutzgebiet, das sich etwa 150 Kilometer an der Küste des US-Bundesstaats Washington entlang erstreckt. Westwärts reicht es 40 bis 80 Kilometer in den Pazifischen Ozean bis zum Rand des Festlandsockels. In dem Gebiet befinden sich 600 kleine Inseln, aufragende Felsen und Felsenbögen – Ruheplätze für Seehunde, Seelöwen und Millionen von Vögeln.

Der Nordpazifik ist kälter und weniger salzhaltig als der Nordatlantik. Er ist bekannt für seine raue See und seine hohen Wellen. Der *Kontinentalabhang,* also der Bereich, wo der Meeresgrund zur Tiefsee abfällt, ist hier besonders steil. Wind- und Meeresströmungen wälzen nährstoffreiches kaltes Tiefenwasser nach oben. Dieser Auftrieb bewirkt eine Vermehrung des Planktons, das als Futter für eine Vielzahl von Fischen, Vögeln und Meeressäugern dient.

Miesmuscheln sind Schalentiere, die sich mit ihrem Haftfuß an felsigen Untergründen festhalten. Bei Ebbe verschließen sie ihre Schalen, um nicht auszutrocknen und um sich vor Fressfeinden wie Ottern, Seesternen, Waschbären und natürlich Menschen zu schützen. Wie andere Muschelarten und Rankenfußkrebse sind sie sogenannte Filtrierer, sie nehmen also Wasser in ihren Körper auf und filtern daraus Plankton, um es zu fressen. Eine Miesmuschel kann jeden Tag eine Badewanne voll Wasser filtern – das heißt, sie leistet einen wichtigen Beitrag, um unsere Meere sauber zu halten. Es bedeutet aber auch, dass sich Schadstoffe aus dem Wasser in den Muscheln sammeln und von da aus weiter in den Nahrungskreislauf gelangen.

Bull Kelp ist eine Seetangart und gehört zu den schnellstwachsenden Pflanzen im Meer. Sie beginnt als winzige Spore, kann bis zu 25 Zentimeter pro Tag wachsen und eine Höhe von zehn bis zwanzig Metern erreichen. Ein Haftorgan verankert die Pflanze am Boden. Oben auf dem Stiel befindet sich ein kugel- oder eiförmiger Körper, der auf der Wasseroberfläche schwimmt. Wälder von Bull Kelp und Riesenalgen bieten einen wichtigen Schutzraum für Fische, Krebse, Seesterne und Seeigel. Auch Seehunde und Seeotter verstecken sich gern darin.

Möwen gehören zu den zahlreichsten Vögeln an den Küsten des Pazifiks und des Atlantiks. Sie nisten häufig in großen und lärmenden *Kolonien*. Möwen sind Allesfresser – sie haben eine äußerst abwechslungsreiche Ernährung, die sie sowohl im Meer als auch an Land finden. Sie fressen kleine Fische, Mollusken, Krustentiere, Insekten, Eier und sogar kleinere Vögel. Auch weggeworfene Pommes frites und anderen von Menschen erzeugten Abfall nehmen sie gern.

Seeotter können ihr ganzes Leben im Meer verbringen, ohne dass ihre Haut einmal nass wird, denn sie haben das dichteste Fell sämtlicher Tiere auf der Erde: ungefähr 100 000 bis 400 000 Haare pro Quadratzentimeter. Die regelmäßig ins Fell geblasenen Luftbläschen halten sie warm und trocken. Otter zählen auch zu den ganz wenigen Tieren, die Werkzeuge nutzen. Vieles, das sie gern fressen – Seeigel, Krebse, Muscheln, Meerohren und Schnecken –, hat Schalen und heftet sich an Felsen. Deshalb verwenden die Otter Steine, um die Tiere vom Untergrund zu lösen, um die Schalen zu öffnen und das Fleisch aus dem Innern zu fressen.

Fische fangen Otter nicht mit dem Maul, sondern mit ihren Pfoten; das können sie, weil sie wie alle Mitglieder der Marderfamilie fünf Zehen an jeder Pfote haben.

Seehunde wurden früher wie die Seeotter so stark gejagt, dass sie fast ausgerottet waren. Doch ein US-Schutzgesetz für Meeressäuger, das 1972 in Kraft trat, hat dazu geführt, dass es heute in der Salischen See wieder einen stabilen Bestand gibt. Auch in Europa sind Robben unter anderem durch ein Gesetz geschützt, das die Einfuhr und den Handel mit Robbenprodukten verbietet. Ein generelles Jagdverbot gibt es jedoch bislang nicht.

Seehunde verbringen etwa die Hälfte ihrer Zeit an Land – mit Ausruhen, Nachwuchs zur Welt bringen und Häuten. Auch wenn sie für die Nahrungssuche nur kurz und niemals tief unter Wasser gehen, können Seehunde bis zu 500 Meter tief tauchen und dort unten 30 Minuten aushalten. Bei einem solchen Tieftauchgang verlangsamt der Seehund seine Herzfrequenz auf nur noch wenige Schläge pro Minute, was ihm hilft, Sauerstoff zu sparen. Dieser Sauerstoff wird in den Muskeln geparkt und bei Bedarf in der Tiefe genutzt.

Offenes Meer

Der **offene Ozean** wird auch als **Pelagische Zone** bezeichnet. Es ist das Gebiet jenseits der Küste und des Festlandsockels, wo das Wasser viel tiefer ist und Anzahl und Artenreichtum der Lebewesen dramatisch abnehmen.

Krill sieht nicht nach viel aus – er ist rosa, undurchsichtig, hat die Größe und das Gewicht einer Büroklammer und verbringt sein Leben in großen Schwärmen mit dem Fressen von Phytoplankton. Doch wenn man die gesamte Menge an Krill, die es auf der Welt gibt, in die eine Schale einer Waage legen würde und in die andere Schale sämtliche Menschen, wöge der Krill mehr. Es gibt über 85 verschiedene Arten, von denen die meisten biolumineszent sind, was bedeutet, dass sie im Dunkeln leuchten. Krill ist eine lebenswichtige Nahrungsquelle für Wale, Pinguine, Seevögel, Fische und Seehunde. Wie Seegras spielt auch der Krill eine wesentliche Rolle dabei, Kohlenstoff aus der Atmosphäre zu ziehen und auf dem Meeresboden abzulagern, was die Tierchen zu winzigen Helden im Kampf gegen die Erderwärmung macht.

Phytoplankton sind mikroskopisch kleine Pflanzen und **Zooplankton** sind mikroskopisch kleine Tiere. Insgesamt ist **Plankton**

das zahlenreichste Lebewesen der Welt. Es ist die Grundlage der Nahrungskette in jedem Meer. Von Plankton leben kleine Tiere, die wiederum größere ernähren. Die Hälfte des gesamten Sauerstoffs der Welt stammt aus der Photosynthese durch Phytoplankton. Und ein großer Teil der Öl- und Erdgasvorräte auf der Erde ist aus verfaulten Planktonresten entstanden.

Großaugen-Fuchshaie haben einen Schwanz, der so lang ist wie ihr ganzer Körper. Sie benutzen ihn, um Fische zu betäuben, oft mehrere gleichzeitig. Das Betäuben macht es den Haien leichter, ihre Beute zu fangen und zu fressen. Fuchshaie haben kleinere Mäuler als die meisten anderen Haie, aber dafür deutlich größere Augen, die ihnen nachts bei der Jagd helfen. Sie fressen hauptsächlich Fische – kleinere wie Sardinen, aber auch solche von der Größe eines Thunfischs. Genauso gern mögen sie Tintenfische. Auch wenn wir nur wenig über die Gemeinschaft der Offshore-Orcas im Nordpazifik wissen, so steht doch inzwischen fest, dass sie Haie und Tintenfische fressen.

Laysanalbatrosse nisten auf Inseln im Pazifik, besonders auf den Hawaiianischen Inseln. Sie fliegen über den ganzen Nordpazifik, manchmal mehr als 500 Kilometer an einem Tag. Ihre Flügelspannweite von gut zwei Metern ermöglicht es ihnen, stundenlang zu gleiten, ohne mit den Flügeln zu schlagen. Bei ruhigem Wetter treiben sie auf der Wasseroberfläche, um Fische zu fangen, doch bei starkem Wind schnappen sie ihre Beute im Flug. Sie gehören zu den wenigen Tieren, die Salzwasser trinken können, ohne auszutrocknen bzw. zu dehydrieren. Albatrosse sind erst mit acht oder neun Jahren vollständig ausgewachsen. Sie leben gewöhnlich sehr lange und können bis zu 65 Jahre alt werden.

Blauwale sind die größten Tiere der Welt. Die Zunge eines Blauwals wiegt so viel wie ein Elefant und sein Herz hat die Größe eines Autos. Trotzdem ernähren sich Blauwale von einem der kleinsten Tiere – dem Krill. Blauwale schwimmen, allein oder als Paar, in allen Meeren, außer in der Arktis. Sie können bis zu 90 Jahre alt werden. Auch sind sie die lautesten Lebewesen auf der Erde – unter guten Bedingungen können Blauwale einander über mehr als 1500 Kilometer hören.

Gefahren in der Salischen See

Obwohl es keine Tiere gibt, die Orcas jagen und fressen, gibt es doch zahlreiche Bedrohungen für ihr Überleben. Von 1964 bis 1976 wurden in der Salischen See mehr als 200 Orcas dem Fangstress ausgesetzt, manche mehr als ein Mal. Das führte zum Tod von mindestens einem Dutzend Walen. Mehr als 50 weitere wurden an maritime Freizeitparks überall auf der Welt verkauft. Die gefangenen Tiere wären die Matriarchinnen von heute gewesen. Der Verlust ihres Wissens und der fehlende Nachwuchs, den sie unter anderen Umständen großgezogen hätten, hat das Leben der gegenwärtigen Orca-Gemeinschaft extrem schwierig werden lassen.

Ein weiterer Stressfaktor für die Orcas ist die Umweltverschmutzung. Einleitungen von Straßen, Städten, der Industrie, aus Bergwerken und aus der Landwirtschaft – dazu Treibstoffflecks von Schiffen und Booten – vergiften das Wasser. Die Schadstoffe werden von Pflanzen und dem Plankton im Meer aufgenommen und wandern von dort aus durch die Nahrungskette, sodass die Top-Prädatoren, also die Räuber an der Spitze dieser Kette – Orcas, Seehunde, Seelöwen und Adler –, am stärksten davon belastet sind. Normalerweise nehmen Orcas die Gifte auf und sammeln sie in ihrer Fettschicht, wo sie wenig schaden. Doch wenn die Nahrung knapp wird und die Wale anfangen, von ihren Fettreserven zu leben, wandern die Gifte in den Blutkreislauf und machen die Tiere krank. Die Gifte und dazu der dramatische Rückgang an Lachsen sind mit dafür verantwortlich, dass es bei den Orcas so viele Fehlgeburten gibt oder die Jungen in den ersten Monaten sterben. Dazu kommen weggeworfene Fischereiausrüstung und Plastikmüll, die die Tierwelt in allen Weltmeeren bedrohen.

Auch Lärm ist eine Form von Umweltverschmutzung. Weil Orcas von ihrer Echoortung abhängig sind, erschwert ihnen der Schiffsverkehr mit seinen lauten Unterwassergeräuschen das Jagen und bewirkt womöglich, dass sie weiter schwimmen müssen und weniger fangen. Zum Glück gibt es seit einiger Zeit Lösungen für das Problem: In der Nähe von Walen und Orcas langsamer zu fahren und Abstand zu den Tieren zu halten, verringert den Lärmstress. Inzwischen gibt es auch Anstrengungen, einige Fährschiffe auf Elektroantrieb umzustellen, der nicht nur leiser ist, sondern auch die CO_2-Bilanz verbessert.

Beim Kampf gegen die globale Erderwärmung sind die Weltmeere von ganz entscheidender Bedeutung. Wärmeres Wasser enthält weniger Sauerstoff. Selbst ein geringer Temperaturanstieg beeinflusst die gesamte Nahrungskette. Für Orcas sind Lachse der entscheidende Bestandteil dieser Nahrungskette. Das mit Abstand größte Problem für die Orcas ist daher der Mangel an Lachsen. In den letzten Jahren sind die Lachswanderungen um 60 bis 90 Prozent geschrumpft. Heutige Lachse sind außerdem nur noch halb so groß wie die in früheren Zeiten, doch sie zu jagen, kostet die Orcas den gleichen Energieaufwand.

Anmerkung der Autorin

Seit Tausenden von Jahren sind Orcas ein Thema in der Kunst und Stoff für zahllose Geschichten. Sie haben erlebt, wie sich die Gegend um die Salische See von einem blühenden Zentrum indigenen Handels mit Booten aus Zedernholz zu einer äußerst belebten internationalen Schifffahrtsregion wandelte. Sie waren dabei, als immer mehr Fischer kamen, als Kriegsflotten-Stützpunkte und U-Boot-Basen entstanden und als sich schließlich eine sehr beliebte Urlaubsregion entwickelte.

Heute sind die Orcas der Salischen See so bedroht wie nie zuvor. Doch ich weiß zum Glück, dass die dunkelsten und schwierigsten Zeiten unserer Geschichte die Menschen immer wieder zu größtem Mut und Erfindungsreichtum geführt haben. Für jedes Problem, das die Orcas in der Salischen See betrifft, gibt es eine Lösung. Einige wurden bereits umgesetzt: Ältere Fähren wurden durch sauberere und leisere mit Elektroantrieb ersetzt. Der Elwha-River war einst ein toter Fluss, doch nachdem Dämme zurückgebaut wurden, laichen dort wieder Lachse. Neue Gesetze zwingen Schiffe, langsam zu fahren, wenn Wale in der Gegend sind, wodurch sie nicht so viel Lärm machen. Die Lummi, ein indigener Stamm im US-Bundesstaat Washington, haben ihre Fischerei-Rechte genutzt, um den größten Kohlehafen in ganz Nordamerika zu verhindern, der in der Salischen See geplant war.

Nicht zuletzt wurde das Meeressäuger-Schutzgesetz 1972 auf Initiative von Schülerinnen und Schülern erlassen, die ihren Abgeordneten im Kongress schrieben und von ihnen verlangten, der Jagd auf Wale, Seehunde und andere Meeressäuger ein Ende zu bereiten. Jeden Tag werde ich von dem Engagement meiner jungen Leserinnen und Leser inspiriert. Ich bin überzeugt, dass wir gemeinsam die Welt und all ihre Gewässer retten können.

Rosanne Parry (rechts) und Lindsay Moore

Rosanne Parry lebt mit ihrer Familie in einem alten Bauernhaus in Portland, Oregon, USA. Sie hat vier Kinder, manchmal auch einige Hühner und Kaninchen. Die mehrfach preisgekrönte Autorin schreibt ihre Bücher am liebsten in einem Baumhaus in ihrem verwilderten Garten.

Dank

Jede Geschichte ist eine Gemeinschaftsarbeit. Ich bin meiner Recherche-Partnerin überaus dankbar, die mit mir ans Ende des Kontinents gewandert und durch raue See gepaddelt ist, bei Mondschein Otter beobachtet und jedes der wunderbaren Bilder in diesem Buch gezeichnet hat. Danke, Lindsay Moore!

Ich habe so viele Anwohner der Salischen See getroffen, die mir ihre Geschichten über die südlichen ortstreuen Schwertwale erzählt und ihre Liebe zu den Orcas mit mir geteilt haben, dass es unmöglich wäre, sie alle namentlich zu erwähnen. Aber besonders dankbar bin ich Lois Landgrebe, dem Geschichtenerzähler der Tulalip und Lehrer der Lushootseed-Sprache, sowie Katie Jones, der Erzieherin und Leiterin der Öffentlichkeitsarbeit am Center for Whale Research.

Danke auch an meine wunderbare Lektorin Virginia Duncan und an das ganze Team bei Greenwillow, darunter Sylvie Le Floc'h, Tim Smith, Lois Adams, Laaren Brown, Robert Imfeld, Mikayla Lawrence und Arianna Robinson. Meine beharrliche und kluge Agentin, Fiona Kenshole von der Transatlantic Agency, ist die Zauberin der Worte, die all dies ermöglicht.

Und wie immer bin ich meiner Familie dankbar, die mir geholfen hat, meinen Weg zu finden, und mit mir gereist ist, Meile um literarische Meile.

»Hell leuchtet der Wolfsstern über meinem Revier. Aber ohne mein Rudel ist hier nicht mehr mein Zuhause.«

In den USA sechs Monate lang auf der *New York Times*-Bestsellerliste

Rosanne Parry
Als der Wolf den Wald verließ
208 Seiten · gebunden
ISBN 978-3-649-63475-1
Auch als **@book** erhältlich:
ISBN 978-3-649-63772-1

Als der junge Wolf Flink von seiner Familie getrennt und aus seinem Wald vertrieben wird, begibt er sich auf die Suche nach einem neuen Zuhause. Auf seiner gefahrvollen Reise begegnet er Waldbränden, Jägern, einem »schwarzen Fluss« voller stinkender »Krachmacher« und dem Hunger ... aber auch einem freundlichen Raben und der Schönheit der Natur.

Eine warmherzige Geschichte nach einer wahren Begebenheit, die Verständnis für alle Auswanderer weckt – nicht nur die Vierbeinigen. Mit vielen Illustrationen und Sachinfos zu Wölfen und ihrem Lebensraum.

5 4 3 2 1
ISBN 978-3-649-64073-8
© 2022 für die deutschsprachige Ausgabe
Coppenrath Verlag GmbH & Co. KG,
Hafenweg 30, 48155 Münster
Alle Rechte vorbehalten, auch auszugsweise
Published by arrangement with HarperCollins Children's Books,
a division of HarperCollins Publishers
Originaltitel: A Whale of the Wild
Text © 2020 Rosanne Parry
Innenillustrationen © 2020 Lindsay Moore
Umschlagillustration: © 2021 Jenni Desmond
Übersetzung: Uwe-Michael Gutzschhahn
Lektorat: Frauke Reitze
Satz: Helene Hillebrand
Printed in Germany

www.coppenrath.de

Das ebook erscheint unter der ISBN 978-3-649-64325-8.